# 八极拳散手用法

安在峰　编著

人民体育出版社

图书在版编目（CIP）数据

八极拳散手用法 / 安在峰编著. -- 北京：人民体育出版社, 2017 (2023.3重印)
ISBN 978-7-5009-4972-5

Ⅰ. ①八… Ⅱ. ①安… Ⅲ. ①八极拳－基本知识 Ⅳ. ①G852.19

中国国家版本馆CIP数据核字(2023)第028302号

*

人民体育出版社出版发行
北京新华印刷有限公司印刷
新　华　书　店　经　销

*

850×1168　32开本　12.75印张　291千字
2017年1月第1版　　2023年3月第4次印刷
印数：8,001—9,500册

*

ISBN 978-7-5009-4972-5
定价：45.00元

社址：北京市东城区体育馆路8号（天坛公园东门）
电话：67151482（发行部）　　邮编：100061
传真：67151483　　邮购：67118491
网址：www.psphpress.com
（购买本社图书，如遇有缺损页可与邮购部联系）

# 前　言

八极拳以技击特点著称于世。它是以六大开、八大招、十大技击技法为基础，结合易理“阴阳论、五行学说”，借用地理概念“八极”命名的一种简朴刚烈、攻防意识极强的传统拳术。它以深邃的哲学思想、丰厚的文化内涵、系统的训练内容、淳朴的演练风格、实用的技术体系，深受人们的青睐，在武林中一枝独秀，在海内外享有盛名。拳谚曰：“文有太极安天下，武有八极定乾坤。”可见它的地位非同一般。

八极拳已有三百余年的历史，清康熙年间有位名叫“癞”的道士将八极拳始传给吴钟，后世代相传。从癞祖师传至安在峰为第八代，安在峰是八极拳代表性的传承人之一。

八极拳主要内容有基础理论、功夫训练、单操动作、单练套路、对练套路、器械套路、散手用法七大完整体系。在这七大体系中，散手用法是最闪光的部分。

八极拳散手用法也称为“实战应手”“实用法”“拆手”“散打”“对截”“技击”等。其内容由六大开、八大招、十大技击技法、三盘连击法等构成。应用时讲求：“挨崩挤靠，迅猛遒劲，崩撼突击，以短制长。”发招进手时吐气发声，以气催力，以声助势，咄咄逼人。与人交手时，攻中有防，防中寓攻，招法连贯，三盘连击，劲足势猛，还要求眼随手转，手脚齐到，上打下封，紧逼硬攻，长短兼施。故有“上打云掠点提，中打挨戳挤靠，下打吃根埋根”的三盘打法。

为了满足广大八极拳及散手爱好者的需要，作者将从师所承和三十多年来研练积累的经验及搜集整理的资料，编撰成《八极拳散手用法》。此书内容丰富，招法全面，技术精良，技法实用，叙述准确、文字简练，讲解透彻、表意深刻，插图精美，图文并茂，可谓是一看就会、一用就灵的防身自卫宝典。

在本书编写过程中，弟子吴超、张硕光、杨辉协助笔者对动作插图拍摄进行演示；摄影师赵立玲为本书拍摄了动作插图。在此表示衷心感谢！

由于作者水平所限，书中难免会有不足之处，恳请广大读者批评指正。

安在峰

二〇一六年一月十一日于汉高故里

# 目　录

# 第一章　八极拳概述

八极拳又名“开拳”，也称“八技拳”“八击拳”等。它是以六大开、八大招、十大技击技法为基础，结合易理“阴阳论”，借用地理概念“八极”命名的，是一种简朴刚烈、攻防意识极强的传统拳术。它以深邃的哲学思想、丰厚的文化内涵、系统的训练内容、淳朴的演练风格、实用的技术体系，深受人们的青睐，是中华民族的瑰宝，在武林中一枝独秀、海内外享有盛名。拳谚曰：“文有太极安天下，武有八极定乾坤。”可见它在我国武坛众多门派中的地位非同一般。

## 第一节　八极拳源流及传承

八极拳有三百余年的历史，清朝康熙年间，由一名叫“癞”的道士将八极拳始传给吴钟，所以《八极拳谱》中尊道长“癞”为始祖（一世），吴钟为二世。吴钟有“吴神枪”之美称，雍正年间，他只身三闯莆田少林寺，寺内虽诸多暗器，却无一伤身。其大枪出神入化，当时有“南京到北京，大枪数吴钟”之说。吴钟将此拳传于女吴融；吴融又传于张克明；张克明再传于张景星；张景星又将此拳传于韩化臣。韩化臣（字惠卿）为八极拳六世，黄埔军校武术教官，南京国术馆教练员。于民国二十年著《八极拳图解》在军中传播，称之为“莒拳”。1920 年，韩化臣将此拳传于杨沛武；杨沛武于 1973 年又将此拳传于安在峰（图 1–1）。

图 1–1

八极拳八世传人安在峰（图 1–2），为国家级社会体育指导员，武术六段，全国八极拳冠军。著有《八极拳运动全书》《武术实用摔法大全》《武术实用擒拿大全》《太极拳推手绝技》

## 八极拳传承世系表

创始人一世
癞祖师

二世传人
吴　钟

三世传人
吴　融

四世传人
张克明

五世传人
张景星

六世传人
韩化臣

七世传人
杨沛武

八世传人
安在峰

图 1–2

《太极推手秘传》《大鸿拳》《飞花长穗剑》《陈式太极拳老架一路意气势练习及用法》《陈式太极拳老架二路意气势练习与用法》《陈式太极拳新架一路意气势练习与用法》《陈式太极拳新架二路意气势练习及用法》《85 式杨式太极拳意气势练习及用法》《经穴按摩健身法》等 80 多部武术、散打、中医、养生专著，分别由人民体育出版社、北京体育大学出版社、山东科学技术出版社、中原农民出版社、河南科学技术出版社、安徽科学技术出版社、台北大展出版社、台北品冠文化出版社出版。并在《中华武术》《武术健身》《健身气功》《武林》《少林与太极》《搏击》《精武》《武魂》等省级以上数十种杂志上发表理论性、技术性、学术性文章 600 多篇；其作品曾多次在全国获奖，《出招制胜——巧法制敌 180 招》一书荣获第七届全国图书“金钥匙”奖优胜奖。他多次在全国和江苏省武术比赛中夺得冠军，并成为 2008 年第 11 期《健身科学》封面人物，入编《中国太极拳大百科》《中国当代武林人物志》《中国太极拳辞典》《徐州体育志》《丰县志》等 20 多部志书及典籍。安在峰下传弟子 30 余人（图 1–3），学员数千人，他们在各级比赛中夺得奖牌 100 多枚。

图 1–3

# 第二节　八极拳内容及体系

八极拳体系完整，内容丰富，技术精纯、套路全面，技击实用，简朴易练，适用广泛。演练起来劲力刚猛、下盘稳固、节短势险、暴烈突然、短促多变、猛起硬落、气势雄健、攻防兼备、刚柔相济。静如止水，动如脱兔，气势磅礴，威武雄壮。给人以不畏艰险、勇往直前的感觉和精湛的艺术享受。

八极拳主要内容有基础理论、功夫训练、单操动作、单练套路、对练套路、器械套路、实战应用七大完整体系。

## 一、基础理论体系

八极拳的理论是在武术、养生、中医的基础上，结合周易“阴阳论”“五行学说”，借用“八极”地理概念而形成的完整理论体系。它包含了古代哲理、传统文化、武术技击、医学养生、力学健美等诸多方面。这些主要元素在八极拳中均有充分的体现，对八极拳修习者提高文化修养、培育优良品德及指导技术技法均有良好的作用。

## 二、功夫训练体系

基础功夫：手型、手法、步型、步法、搂桩、靠桩、站桩、活步桩训练、式子组合练习等。这些都是八极拳基本功的训练，通过练习可正确掌握一定的基本技法，能提高功力，为学习八极拳打下良好的坚实基础。

### 三、单操动作体系

“六大开”即“顶、抱、单、提、挎、缠”，是单手操六个基本动作的小组合，每一种手法都有较强的技击性，简朴刚烈，凶猛异常，均是八极拳的主要技击手段。

“八大招”即“阎王三点手、猛虎硬爬山、迎门三不顾、霸王硬折缰、迎封朝阳手、左右硬开门、黄莺双抱爪、立地通天炮”，是八极拳的动作组合操，每组可单独练习，也可连在一起贯穿练习，是八极拳的技击散手，和“六大开”有异曲同工之妙，可合不可分。

### 四、单练套路体系

单练套路：“八极母架”“八极拳入门架”“八极拳小架”“八极拳老架”“原本八极拳”“六肘头”“贴身靠拳”“八极连环拳”“八极拳简架”“八极拳总架”“八极拳新架”“综合八极拳”等十余套。这些套路练起来静如止水，动如脱兔，气势磅礴，威武雄壮，有极高的健身、强身价值和观赏价值。

### 五、对练套路体系

对练套路：有“精简八极对接拳”“八极拳对接”“六肘头对接”等多套。它配合默契，节奏一致，距离相当，攻防合理，方法正确，意识动态逼真，全神贯注，能培养攻防能力。

### 六、器械套路系统

器械套路：刀枪剑棍，软硬长短各类器械套路俱全，其最代表性的有“行者棍”“伏虎棍”“苗刀”“提柳刀”“六合大枪”“五虎枪”“纯阳剑”“汉源剑”“春秋大刀”等，有极高的锻炼价值和观赏价值。

### 七、实战应用体系

实战用法有六大开、八大招、十大击打技法、三盘两连击法、三盘三连击法、基本拿法、制敌擒拿法、应敌摔法、散招实战用法等。这些技击法理均有培养攻防意识、提高实战技能及防身护身的作用。常言道：“学会八极架，鬼神都害怕”“学拳练八极，神仙也难敌”，这足以说明它有着极强的实用性。

## 第三节　八极拳练法及要求

练习八极拳时，动作要求做到含胸拔背、顶项拔腰、沉肩垂肘、气贯丹田。出招发劲时吐气发声，以气催力，以声助势，咄咄逼人。踢腿高不过裆，震脚闯步如穿石入洞，落地生根，出手如箭离弦、快似闪电，拥搓代缓，抑扬顿挫，气力贯通，内外功兼修。练习按“一练拙力如疯魔，二练软绵封闭拨，三练寸接寸拿寸吐露，四练筋骨皮肉合”四个步骤（阶段）进行。讲究“内练一口气，外练筋骨皮”，做到“拳似流星腰连贯，腰似蛇形脚似钻，刚柔圆活上下连，闾尾中正神贯项，满身轻俐顶头悬，体内气固神内敛，阴阳虚实极变化，命意源泉在腰间”。

## 第四节　八极拳的技击内容

八极拳技击以六大开、八大招、三盘击打十大技法为核心。在这些技击核心的基础上，加以巧妙结合，互相穿插，合理运用，又运化而生出三盘两连击和三盘三连击及擒拿、摔法等应手实用招法，再加上各个拳路的散招实战用法等，可谓是内容丰富，技法全面，招法精绝，技击实用。运用起来攻中有防，防中寓攻，短长兼施，拿打并用，上打下封，招法连贯，三盘连击，劲足势猛，出招制胜。

## 第五节　八极拳的技击要求

八极拳在技击上讲究挨崩挤靠，迅猛遒劲，硬开猛进，崩撼突击，以短制长。交手时攻中有防，防中寓攻，招法连贯，三盘连击。做到眼随手转，手脚齐到，上打下封，紧逼硬攻，短长兼施，拿打摔并用。“上打云掠点提，中打挨戳挤靠，下打吃根埋根”。同时，注重运用肘法，并有“八极拳法肘最长”之说。

## 第六节　八极拳作用及价值

从事八极拳锻炼活动，不仅能够提高素质、健身强体、锻炼意志、培养品德、提高技能、防身护身，而且能竞技交流、扩大人际关系，进行竞技观赏、陶冶情操，丰富文化生活，还能体现尚武精神、促进人类文明。其重要价值主要体现在以下六个方面。

### 一、多个领域的社会价值

八极拳以鲜明的民族特征成为华夏文化宝库中的珍品，是集哲学、文化、医学、养生、军事、美学及体育等诸多要素于一体的特殊艺术形式，充分体现了八极拳所具有的多个领域的社会价值。

### 二、丰富厚重的文化价值

八极拳经历了从低级到高级的发展进程，由防身手段演变为健身习俗，进而转化成为一种文化资源，其蕴含的文化价值日趋丰富厚重。

### 三、健身强体的锻炼价值

八极拳动作幅度大，可有效地增强筋肌的柔韧性；套路中的挨、戳、挤、靠、崩、撼、突、击等可有利于提高灵敏、速度、力量等素质；有节奏的肢体运动可增强血液循环系统、呼吸系统和消化系统的活动，具有极高的锻炼价值。

### 四、培养品德的教育价值

练习八极拳能磨练意志，培养刻苦耐劳、砥砺精进、永不自满的品质和勇敢无畏、坚忍不拔的奋斗意志；注重“尚武崇德”“学拳德为先”，能树立正确的人生观、价值观、审美观、苦乐观和道德观，具有重要的教育价值。

## 五、竞技观赏的艺术价值

八极拳表演时，静如止水，动如脱兔，气势磅礴，威武雄壮。对练意识动态逼真，实战显现出力与技结合，引人入胜，给人一种韵律美感和艺术享受。它集观赏性、娱乐性于一体，充分体现了其艺术价值。

## 六、防身护身的技击价值

八极拳的招式实际上都是格斗的攻防动作和姿势。这些招式均是攻中有防、防中寓攻、长短兼施、招法连进、三盘连击，经常练习能培养攻防意识，提高实战能力，因而有极高的技击价值。

# 第二章　六大开实战用法

六大开即“顶、抱、单、提、挎、缠”六大击打基本技法，也称“六打开”，有打开对方门户之意。其各法实战应用如下。

## 第一节　顶的实战用法

“顶”是用部位突出点顶击对方之法。它是在上领、下沉、左顶、右拉四面八方的“十字整劲”的基础上完成的，是六大开的重中之重。肘有“无处不是无处是，无处没有无处有”之说。常用的顶有：领顶、抽顶、挑顶、两仪顶、掠顶、爬山顶等。这些顶法往往结合其他技法混合运用，实战效果更佳。现选取实用八例介绍如下。

### 一、挡臂顶胸直拳击胸

对方右脚前上一步，成为右弓步，同时，用右拳向己方面部击打；己方左脚前上半步，成为左虚步，同时，屈左臂向外挂挡对方右臂内侧部，挡开对方来拳（图 2–1）。动作不停，己方左脚前上一步于对方右腿外后侧，成为马步，挂住对方右腿，使其步不能变化，并用左肘尖部顺势向前顶击对方胸部（图 2–2）。接着，身体重心前移，成为左弓步；同时，用右直拳向对方胸部心窝击打（图 2–3），使对方胸部受伤，被击后倒(图 2–4)。

**要点：**挂挡防拳要及时，上步顶肘要一致，上步挂对方右腿要牢固，顶肘要快速、准确、有力，力达肘尖。右拳二次击打要快、准、狠。发力迅猛，力达拳面。

图 2–1

图 2–2

图 2–3

图 2–4

## 二、挡臂顶胸横掀摔

对方右脚前上一步，成为右弓步，同时，用右拳向己方面部击打；己方左脚前上半步，成为左虚步，同时，屈左臂向外挂挡对方右臂内侧部，挡开对方来拳（图 2–5）。动作不停，己方左脚前上一步于对方右腿外后侧，成为马步，挂住对方右腿，使其步不能变化，并用左肘尖部顺势向前顶击对方胸部（图 2–6）。接着，己方左臂向左下按压对方右臂；同时，用右臂向左上横打对方左肋腋下（图 2–7），将对方掀翻向右后侧倒（图 2–8）。

图 2–5

图 2–6

图 2–7

图 2–8

**要点：**挂挡防拳要及时，上步顶肘要一致，上步挂对方右腿要牢固，顶肘要快速、准确、有力，力达肘尖。左臂下压对方右臂与右臂横打挑掀对方左肋腋要一致，两劲形成力偶，迫使对方侧旋而倒。掀摔对方要迅猛、有力，力达两臂。

## 三、挡臂顶胸攒拳击颏

对方右脚前上一步，成为右弓步，同时，用右拳向己方面部击打；己方左脚前上半步，成为左虚步，同时，屈左臂向外挂挡对方右臂内侧部，挡开对方来拳（图 2–9）。动作不停，己方左脚前上一步于对方右腿外后侧，成为马步，挂住对方右腿，使其步不能变化，并用左肘尖部顺势向前顶击对方胸部（图 2–10）。接着，左臂向左后捋带对方右臂，同时用右拳向前上攒击对方下颏部（图 2–11），使对方下颏受击打而后倒地（图 2–12）。

**要点：**挂挡防拳要及时，上步顶肘要一致，上步挂对方右腿要牢固，顶肘要快速、准确、有力，力达肘尖。左臂左后捋带对方右臂与右拳攒打对方下颏要一致，以增强攒打力度，攒拳要准确、猛狠、快速、有力，力达拳面。

图 2–9

图 2–10

图 2–11

图 2–12

## 四、挑架防拳顶肘击胸

对方右脚前上一步，成为右弓步，同时用右直拳向己方面部击打；己方左脚前上一步，成为左虚步，同时，用右臂向上挑架开对方来拳（图 2–13）。动作不停，左脚继续前移于对方右腿外后侧，同时，用左臂向上挑架固住对方右拳(图2–14)。动作不停，左脚仍继续前移上步于对方右腿外后侧，别挂绊住对方右腿成为马步，同时，用左肘向左前顶撞对方胸部(图 2–15)，使对方胸部受伤而向右后侧倒（图 2–16）。

图 2–13

图 2–14

图 2-15

图 2-16

**要点：** 上步要快速，上步与右臂、左臂连续上挑要一致，一气呵成，不可停顿，左腿上步要到位，别绊挂对方右腿要牢固，使其腿不能变化，左肘顶击对方胸部要快速、准确、有力，力达肘尖。

## 五、挑架挂压拳顶胸

对方右脚前上一步，成为右弓步，同时用左直拳向己方面部击打；己方左脚左前上步，成为左虚步，同时，用右臂向右上挑架开对方来拳（图 2-17）。对方见左拳攻击失效，急用右直拳再次向己方左肋部击来；己方左脚不停，继续向左前上步于对方右腿外后侧，偏身躲开其来拳，并用左臂从对方右臂上方向下挂压其右臂于腹前（图 2-18）。左脚前上成马步别绊挂住对方右腿，并用左肘向左后顶撞对方胸部（图 2-19），使对方胸部受伤而向右后侧倒（图 2-20）。

**要点：** 架防、挂压、顶胸整个动作要在上步的瞬间一气呵成，不可停顿，架防及时，偏身躲拳要恰到好处，挂压臂要与闪身躲拳同时完成，别绊挂腿要牢固，左肘顶撞对方胸部要做到步到肘到，顶肘快速、准确、有力，力达肘尖。

图 2-17

图 2-18

图 2-19

图 2-20

## 六、挑架踩腿攒拳击颏

对方右脚前上一步，成为右弓步，同时，用右直拳向己方面部击打；己方左脚前上一步，成为半马步，同时，用左臂向左上架挑开对方来拳（图 2-21）。接着，己方左腿支撑身体，用右腿向前下踩击对方小腿胫骨，同时，用右攒拳向前上勾击对方下颏部（图 2-22）。对方右腿后撤一步，防己方之右脚踩击；己方右脚下落，左脚向前上步于对方裆下，成为马步，并用左肘顶击对方胸部（图 2–23），使对方胸部受伤而后倒（图 2–24）。

**要点：**左臂架防对方右拳要及时，右脚踩击对方右小腿与右拳攒打对方下颏要同时进行，要上下盘兼打。上步与顶肘要一致，做到步到肘至，顶肘要快速、准确、有力，力达左肘肘尖。

图 2–21

图 2–22

图 2-23

图 2-24

## 七、挑架防守贯耳顶胸

对方左脚前上一步，成为左弓步，同时，用右直拳向己方面部击打；己方左脚前上一步，成为左弓步，并用左臂向左上挑架开对方来拳（图 2-25）。对方见右拳攻击失效，急又用左直拳再次向己方面部击打；己方右脚前上步，同时，速用右臂向右上挑架防开对方来拳（图 2-26）。右脚前上步不停，前上于对方左腿外侧后方别绊挂住对方左腿，并用右拳向对方左耳侧贯击（图 2–27）。接着，用右肘再次顶击对方胸部，使对方胸部受伤（图 2–28）。

**要点：**左、右臂架防拳要及时，上步别绊挂腿要牢固，右拳贯击对方左耳侧要快速、准确、猛狠，右肘顶击对方胸部要迅速、有力，力达右肘肘尖。贯耳与右顶肘动作连贯，不给对方喘息之机，右肘顶击对方胸部要突然，要使对方来不及提防。

图 2–25

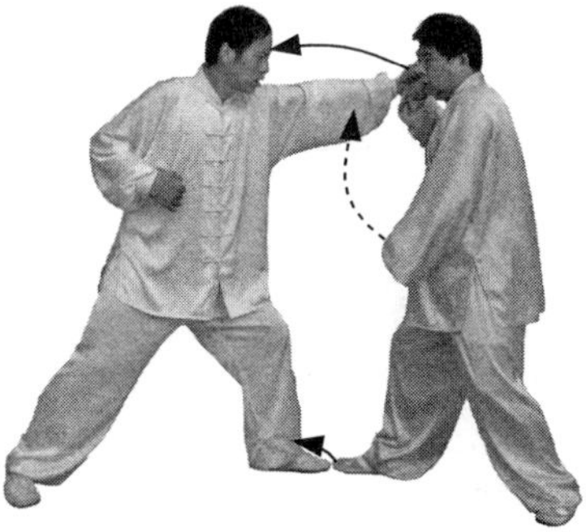

图 2–26

图 2–27

图 2–28

## 八、挑防贯耳推颏顶胸

对方前上左脚一步，成为左弓步，同时，用左直拳向己方面部击打；己方右脚前上步，同时，用右臂向右后挑架挂开对方左拳（图 2–29）。动作不停，己方右脚继续前上步于对方左腿外后侧，并用右拳向对方左耳部贯击（图 2–30）。接着，右脚继续前上步，挂住对方左腿，并用左掌向前上推击对方下颏部（图 2–31）。当对方后仰躲避己方左推掌时，己方突然屈左臂，用左肘顶击对方胸部，使对方胸部受伤（图 2–32）。

图 2–29

图 2–30

图 2–31

图 2–32

**要点：** 挑防对方左拳要及时，上步要快速，上步、挂腿、贯耳与推颏要协调一致，动作要一气呵成，不给对方喘息之机。左肘顶胸要突然，要快速、准确、有力，力达肘尖。

## 第二节　抱的实战用法

“抱”是以臂膀或拳、掌由外往里、由左往右、由右向左用力的一种技法。也是发力未发前的充分准备，紧缩一团，积存力量，蓄势待发，寓攻于防，防中有攻，以加大冲击力量，又可使攻防灵活起来。常用的抱有扣抱、穿抱、托抱、拦抱、滚抱、缩抱等。这些抱法含于防守、攻击之中，常与其他技法兼施，效果方为显著。现选取实用八例介绍如下。

### 一、刁腕掠臂拦抱偏摔

对方右脚前上一步，成为右弓步，同时，用右直拳向己方面部击打；己方右脚右前偏身上步成为半马步，闪躲开对方来拳（图 2–33）。动作不停，己方借对方右前冲来之劲，左手刁抓住对方右腕，顺劲向左后掠带，同时，用右掌臂从对方左颈侧部向左拦抱对方颈部（图 2–34）。动作不停，左手刁其右腕、右手拦抱住对方左侧颈部继续向左用力（图 2–35），使对方向右后侧倒地（图 2–36）。

**要点：** 闪身躲拳要及时，幅度不可太大。左手刁抓腕向左掠臂要顺对方来拳之劲，右手要借劲向左拦抱，掠臂与拦抱要协调一致，拦抱侧打要快速、有力、力达两手。

图 2-33

图 2-34

图 2-35

图 2-36

## 二、接抱防拳攒拳击颏

对方右脚前上一步，成为右弓步，同时用右拳向己方胸部击打；己方左脚前上一步，同时左手从对方右腕上方接抓住对方右腕上方，右手托住对方右腕下，两臂上下相合抱住对方击来之右拳（图 2-37）。己方左脚继续向前上步于对方右腿外后侧，成为左弓步，别绊挂住对方右腿，同时，腾出右拳，向前上攒拳击打对方下颏部（图 2-38）。己方右拳继续向前上用力击(图2–39)，使对方下颏被击伤而后倒（图 2–40）。

**要点：**接抱对方右拳要及时，上步要快速，上步别绊挂腿要牢固，上步与右攒拳要同时，攒拳要快速、准确、有力，力达右拳拳面。

图 2–37

图 2–38

图 2–39

图 2–40

### 三、托抱防拳双掌推腹

对方右脚前上一步，成为右弓步，同时，用右拳向己方面部击打；己方左脚前上半步成左虚步，同时，用两手向上捧托对方来拳，防开对方右拳（图 2–41）。对方见右拳攻击失效，速后撤右脚一步，并用左拳向己方胸部击打；己方右脚前上一步，左脚上提成为丁步，同时，两掌相抱用右手向外拨开对方左拳（图 2–42）。接着，己方左脚前上一步，成为左弓步，同时，用两掌向前推击对方腹部（图 2–43），使对方被推而后倒（图 2–44）。

**要点：**托防对方击来之右拳要及时，抱掌外拨对方左拳要横向用力，上步与双推掌要一致，要做到步到、掌到，两掌推击对方腹部要迅疾、有力，力达双掌。

图 2–41

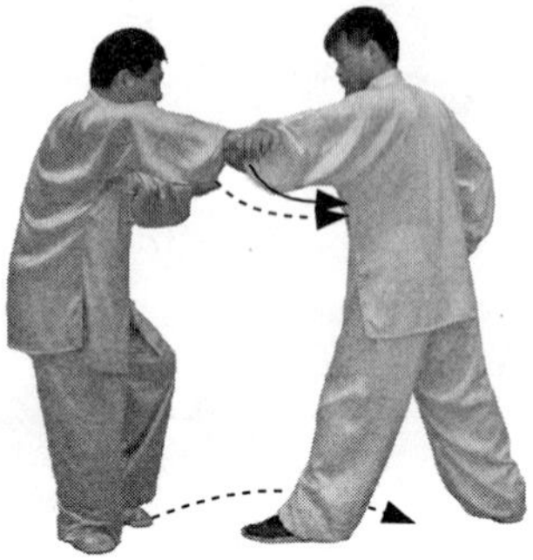
图 2–42

图 2–43

图 2–44

## 四、架防穿抱拦腰推胸

对方右脚前上一步，成为右弓步，同时，用右拳向己方面部击打；己方左脚前上步，同时，用右臂向右上挑架开对方来拳（图 2–45）。己方左脚继续向前上步于对方右腿外后侧，左臂从对方右臂外上侧向里、向下于对方臂内侧外挂（图2–46）。己方左脚继续前上，别绊住对方右腿，左臂从对方右腋下向前穿臂于对方后腰，拦抱住对方后腰，同时，用右掌向前下推击对方胸部（图 2–47），使对方向后倒（图 2–48）。

图 2–45

图 2–46

图 2–47

图 2–48

**要点：**上步要快速，上步别绊挂腿要牢固，挑架防拳要及时，左臂前穿拦腰要快速，拦抱后腰与右掌推胸要协调一致，左臂向里拦抱，右掌向前下推胸，相对用力。推击快速、有力，力达右掌。

## 五、托防拦抱后腰推胸

对方右脚前上一步，成为右弓步，同时，用右拳向己方面部击打；己方左脚前上步，并用两掌向上托防开对方来拳（图2–49）。动作不停，左脚继续前上步于对方右腿外后侧，别绊挂住对方右腿，左臂向前伸拦抱住对方后腰（图 2–50），并用右掌向前下推击对方胸部（图 2–51），使对方向右后倒（图 2–52）。

**要点：**双掌托防对方右来拳要及时，上步别绊挂腿要牢固，左臂拦抱腰要快速，左臂向里拦抱，右掌向前下推胸，相对用力。推击快速、有力，力达右掌。

图 2–49

图 2–50

图 2-51

图 2-52

## 六、抱臂防拳别绊旋压

对方右脚前上一步，同时，用右拳向己方面部击打；己方向右前偏身，闪躲开对方来拳（图 2-53）。己方身体左转，同时右脚前上一步于对方右腿外后侧别绊住对方右腿，右臂从对方右上臂下前上圈抱，左臂从其右臂内侧圈抱，两臂相合抱住对方右臂（图 2-54）。两臂抱住对方右臂向前下旋压，同时用右肩向前下压对方右肩胸（图 2-55），使对方受别压而后倒摔于地（图 2-56）。

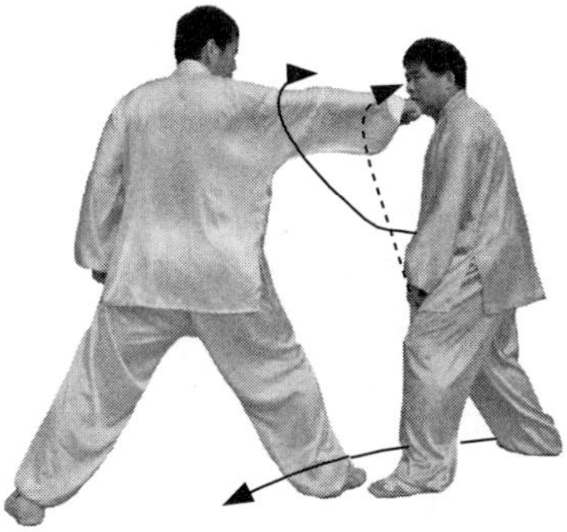

图 2-53

图 2-54

图 2-55

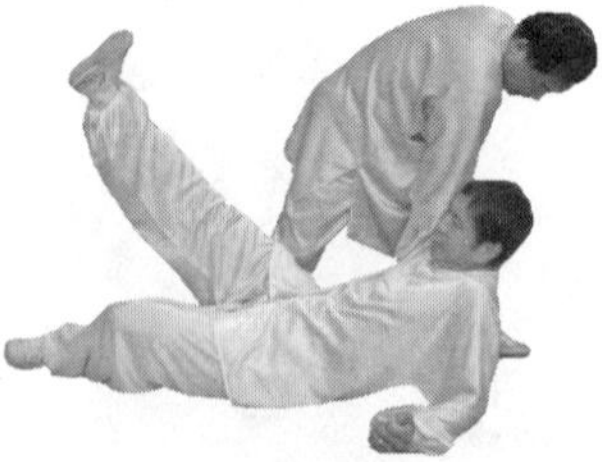

图 2-56

**要点：**闪身防拳要及时，转身上步要快速，右腿别绊挂腿要牢固，两臂圈抱对方右臂于胸前，要抱紧，向前下旋拧要有力，旋拧臂的同时要用右肩压其胸，旋压臂与别绊腿要一致。

## 七、抄抱别腿拦压胸摔

对方左腿支撑身体，同时用右腿向己方腹部弹踢；己方左脚带动右脚向左前上步闪开对方来腿（图 2–57）。接着，己方用右臂抄抱住对方右大腿（图 2–58）。动作不停，己方左腿继续前上步别挂住对方左腿，同时左臂从对方胸前向左后拦住对方之胸（图 2–59）。右臂向左上抄，同时，左臂左后下横向用力搂压，使对方后摔（图 2–60）。

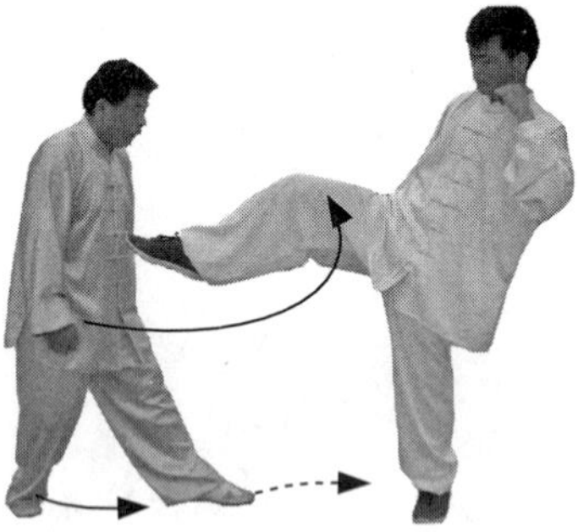

图 2–57

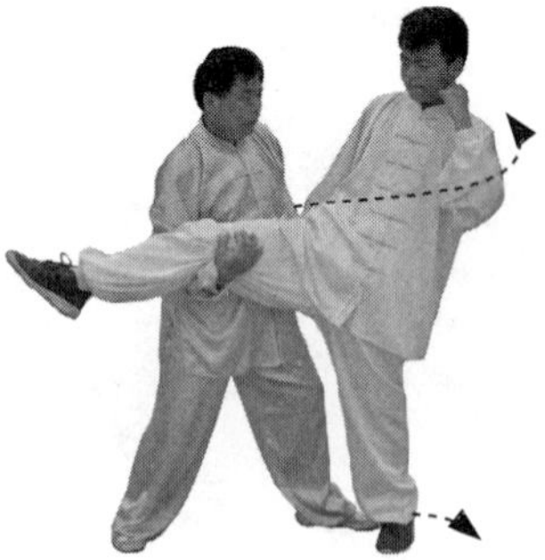

图 2–58

图 2–59

图 2–60

**要点**：闪身防腿要及时，进步要快速，抄抱腿要牢固，左腿别绊腿要牢，左臂拦抱胸与抄腿要一致，右臂上抄，左臂后下压要形成力偶，使对方旋摔后倒。

## 八、闪防别腿搂抱别颈

对方左脚前上一步，成为左弓步，同时，用左直拳向己方胸部击打；己方向右前偏身躲过对方来拳（图 2–61）。己方左脚前上一步于对方左腿外后侧别绊住对方左腿，同时两臂从对方颈部前后圈抱住对方颈部，左手抓住右上臂（图 2–62）。己方右前臂从对方头后部里屈，右掌于对方头左侧方(图 2–63)。右掌继续向下固住对方下颏扳拧（图 2–64）。

**要点**：闪身躲拳要及时，上步要快速，别腿要牢固，两臂圈抱对方颈部要牢紧，右前臂里屈扳拧对方下颏要有力，力达两臂。

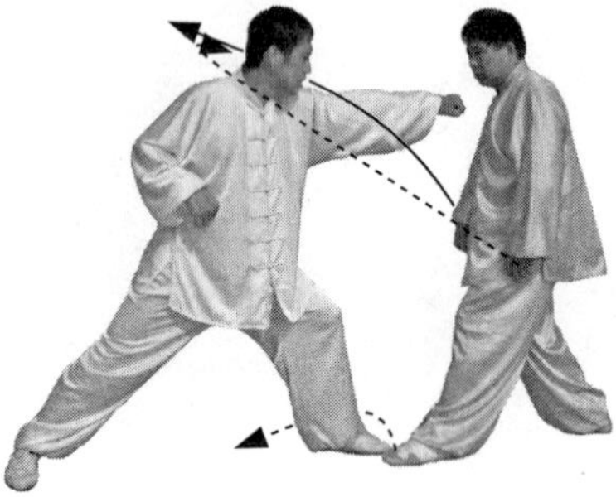

图 2-61

图 2-62

图 2-63

图 2-64

# 第三节　单的实战用法

单是以拳轮或手背为力点，由上往下盖、砸的一种技法。单好似锤头，突然发力，硬如铁，力如铁砣落地。常用的有按单、搂单、抡单、掠单、领单等。

## 一、捧封防拳掌背单腮

对方右脚前上一步，成为右弓步，同时，用右直拳向己方面部击打；己方左脚左前上步，成为左弓步，同时，用两手向左后捧封对方来拳之臂内侧，捧防住对方来拳（图 2–65）。接着，左手向左捋带对方之右臂，同时，用右掌掌背顺对方右臂上方向对方右腮部单击（图 2–66）。左手松开对方右臂（图2–67），使对方因腮被单击而后倒摔于地（图 2–68）。

图 2–65

图 2–66

图 2–67

图 2–68

**要点：** 上步要快，捧封要及时，左手固着前臂，右手固着上臂。左手向左后捋带对方右臂同时用右掌背单击对方腮部，单击对方腮部要快速、准确、有力，力达右掌掌背。

## 二、下按防拳翻拳砸脸

对方右脚前上一步，成为右弓步，同时，用右直拳向己方左肋部击打；己方左脚前上步，同时，用左掌向下按对方右腕部，防开对方来拳（图 2–69）。左脚继续向前上步，成为左弓步，同时，左掌继续下按，用右翻背拳向对方面部砸击（图 2–70）。右拳继续下用力（图 2–71），将对方砸倒在地（图 2–72）。

图 2–69

图 2–70

图 2–71

图 2–72

**要点：** 左掌按消对方来拳要及时，右拳翻臂砸拳要快速、准确、有力，力达右拳拳背。

## 三、捋格防拳翻拳砸面

对方右脚前上一步，成为右弓步，同时，用右拳向己方胸部击打；己方右脚前上半步，成为右虚步，同时，用左手黏其右腕向左后领带，用右臂向左格挡其右上臂，防开对方来拳（图 2–73）。己方右脚继续前上步成为右弓步，同时，左手继续向左后捋带对方右臂，右拳向右下砸击对方面部（图 2–74），使对方面部被击受伤，后仰（图 2–75）倒地（图 2–76）。

图 2–73

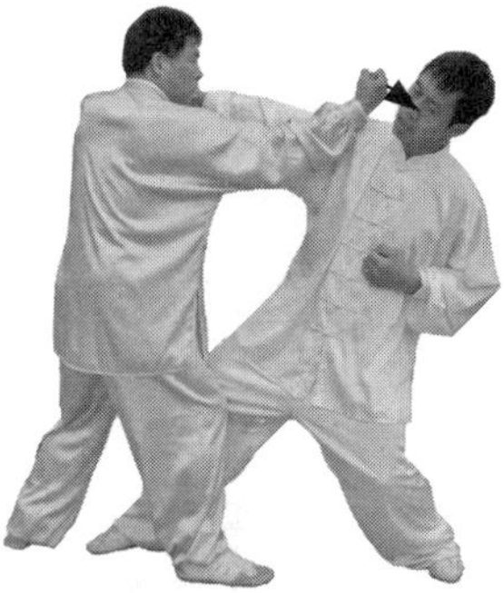

图 2–74

图 2–75

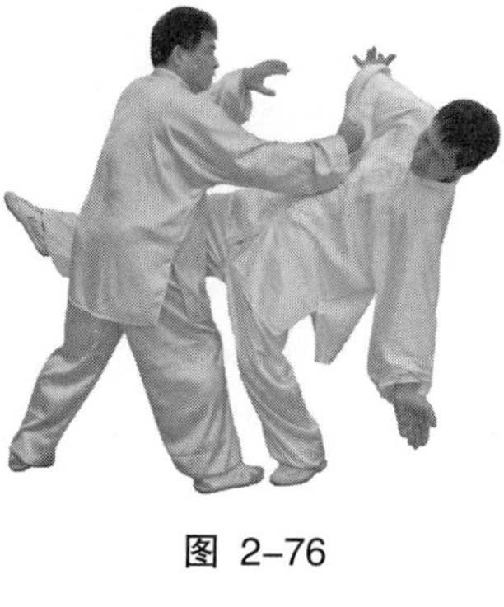

图 2–76

**要点：**捋格对方右来拳要及时，捋格要一致，向左后用力。上步与右拳翻砸对方面部要协调，右拳砸击对方面部要快速、准确、有力，力达右拳拳背。

**四、架挡防拳翻臂单胸**

对方右脚前上一步，成为右弓步，同时，用右直拳向己方面部击打；己方左脚前上步，同时，用左臂向左上架挡防开对方来拳（图 2–77）。接着，己方左脚继续前上步于对方右腿外后侧，成为左弓步，挂绊住对方右腿，同时，左掌向左下按对方右臂，右臂向左下横击对方胸部（图 2–78）。左掌继续向左下按对方右臂，己方右臂继续向左下横击对方胸部（图2–79），使对方向右后倒（图 2–80）。

**要点：**架挡防拳要及时，左脚上步要快速，挂绊腿要牢固，左掌左下按对方右上臂与右臂向左下横击要协调一致，右臂横击对方胸部要快速、有力，力达右臂。

图 2–77

图 2–78

图 2-79

图 2-80

## 五、双捋防拳双臂横击

对方右脚前上一步，成为右弓步，同时，用右直拳向己方面部击打；己方左脚前上步，同时用两手黏住对方右臂（图 2-81），顺对方打来右拳之劲，向右后捋带（图 2-82）。当对方向后挣抽右臂时，己方借对方后抽臂之劲，左脚左上一步于对方右腿后方别绊住对方右腿，同时，用双臂向左后下横击对方胸部（图 2-83），使对方后倒（图 2-84）。

图 2-81

图 2-82

图 2-83

图 2-84

**要点：** 双手黏对方右臂要及时，向右后捋带对方右臂，要顺其来拳之劲捋带，上步绊腿与双臂向左后下横击对方胸部要快速、准确、有力，力达双臂。

## 六、双臂防双臂横击

对方右脚前上一步，成为右弓步，同时，用右直拳向己方面部击打；己方成左虚步，同时用右臂架住对方来拳之腕（图2-85）。动作不停，己方左脚前上一步于对方右腿外后侧，并用左臂向上挑固住对方右上臂，防其屈肘向己方顶击（图 2-86）。己方左脚继续左上步，别绊住对方右腿，同时用两臂向左后下横击对方胸腹部（图 2-87），使对方后倒（图 2-88）。

**要点：** 右臂架对方右拳要及时，左臂挑其右上臂，一要控制对方屈臂，用肘顶击；二要使对方右肋胸部敞开，以便横击。进步绊腿要牢，进步与两臂横击对方胸腹部要协调。两臂横击对方胸腹要快速、有力，力达两臂。

图 2-85

图 2-86

图 2-87

图 2-88

## 七、按防砸面撑掌靠胸

对方右脚前上一步，成为右弓步，同时，用左直拳向己方胸部击打；己方右脚前上步，同时，用左手向下按消对方左来拳（图 2-89）。动作不停，右脚继续前上步，同时，用右翻臂拳砸击对方面部（图2-90）。右脚继续进步，成为马步，同时，用右撑掌靠击对方胸部（图 2-91），己方右臂继续向右后下撑靠对方胸部，使对方向左后倒地（图 2-92）。

**要点：** 按消对方来拳要及时，右拳翻砸对方面部要快速、准确、有力，力达拳面。上步快速，上步与撑掌要协调一致，撑掌要有外撑之力并稍有后打之横劲，撑靠对方胸部要迅猛。

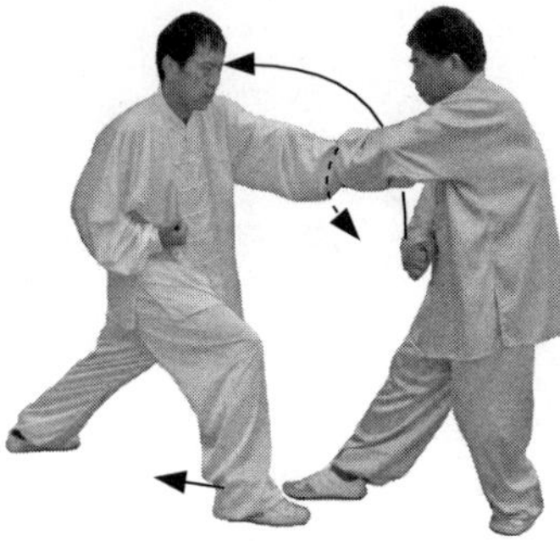

图 2-89

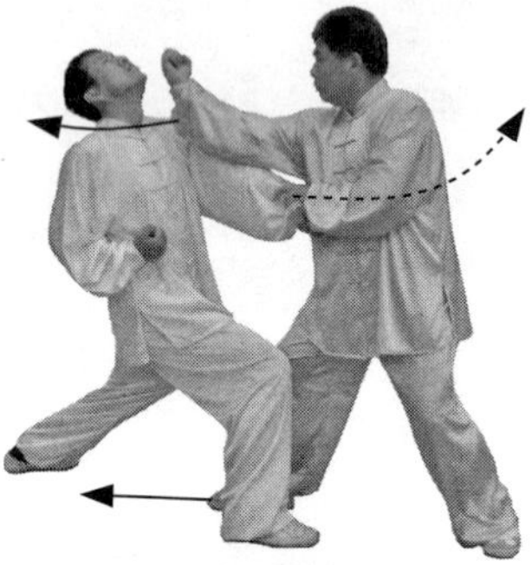

图 2-90

图 2-91

图 2-92

## 八、刁领防拳左臂单颈

对方右脚前上一步，成为右弓步，同时，用右拳向己方胸部击打；己方左脚左前偏身上步，躲开对方来拳（图 2-93）。己方用右手刁抓住对方右腕，顺其来拳之劲向右后领带

（图2–94）。接着，己方用左掌臂向右前下横击对方后颈部（图 2–95），使对方后颈受伤（图 2–96）。

**要点：**右手刁抓对方来拳要及时，右后领对方右臂要顺其来拳之劲，左掌臂向前下横击对方后颈要快速、准确、有力，力达左臂掌。

图 2–93

图 2–94

图 2–95

图 2–96

## 第四节　提的实战用法

提是由下向上的一种技击技法，常用的有提手、提肘、提膝、提胯等。在提法中，成招发力时气与力相合为上行，欲进要用开力，欲退要有守力，前进后退、左移右闪、不失重心，动如雷霆、定若泰山。提练法歌云："手腕上翻拳上撞，腿膝一提剁下打，骑马式要不大不小，扣步亦要不偏斜，上拳撞他下额骨，提裆伤他性命根，此是最绝至毒手，不许轻易用伤人。"提在实战应用中，不仅可单技使用，同样可与其他技混用，效果才更为显著，其用法常有顺步提、内步提、挑提、撩提、扳提、抄提等。

## 一、挑架防拳踩腿攒颏

对方右脚前上一步，成为右弓步，同时，用右直拳向己方面部击打；己方左脚前上一步，成为左虚步，同时，用左臂向左上挑架开对方来拳（图 2–97）。接着，己方左腿支撑身体，提起右脚向对方右小腿胫骨踩踢，并用右拳向对方下颏部攒打（图 2–98）。己方右拳向前上攒打继续用力（图 2–99），使对方上下受击而受伤后倒（图 2–100）。

**要点：**挑架防拳要及时。支撑腿要稳，右脚踩击对方右小腿与右拳向前上攒打对方下颏要协调一致。踩腿要迅猛，攒拳要快速、准确、有力，力达右脚及右拳拳面。

图 2–97

图 2–98

图 2-99

图 2-100

## 二、双捋防拳撩踢推肩

对方右脚前上一步，成为右弓步，同时，用右直拳向己方面部击打；己方左脚左前偏身上步，闪开其来拳之锋芒，并用右手黏住对方来拳之腕（图 2-101）。动作不停，己方左手黏住对方右上臂，顺其来拳之劲向右后领带对方右臂(图 2-102)。接着，己方两手变劲，右手向右后继续领带对方右臂，左手向前推击对方右后肩部，同时左腿支撑身体，并用右脚向左后撩踢对方右腿（图 2-103)，使对方上下受相反方向之力而前倒摔地（图 2-104)。

**要点：**右、左手黏对方右臂要及时，双手要顺对方之来劲捋之，要使对方前倾，趁对方重心不稳之际，变化两手力向，左手向右之力变为前下推之力，左手的前推与右脚向左后上撩踢动作要协调一致，要使手、脚之力形成力偶，而身体向前旋摔。右腿左后上撩踢要突然、迅疾、有力，力达右脚。

图 2-101

图 2-102

图 2-103

图 2-104

## 三、挑防膝撞后挂前推

对方右脚前上一步，成为右弓步，同时，用右直拳向己方面部击打；己方左脚前上一步，成为左虚步，同时，用左臂向左上挑架开对方来拳（图 2–105）。接着，己方左手顺势抓住对方右腕向左后回领，并用右手扳住对方右肩里扳，左腿支撑身体，右腿屈膝上提，用右膝向对方腹部撞击（图 2–106）。

接着，己方右脚顺势向前下落步于对方右腿后方，并向后挂对方右腿，同时，用右掌向前下推按对方胸部（图 2–107），使对方下、上同时受不同方向之力，向后摔倒（图 2–108）。

**要点：**挑架防对方右来拳要及时，右手扳对方右肩并向里扳拉，同时，用右膝向前上顶撞对方腹部，以加大对对方的顶撞力。右腿向后挂对方右腿，与右手前下推对方胸部要协调一致，同时用力，后挂腿要突然、迅疾；右手推胸要快速、有力，力达右腿和右掌。

图 2–105

图 2–106

图 2–107

图 2–108

## 四、架领臂撞胸挂腿摔

对方前上右脚一步，成为右弓步，同时，用右直拳向己方面部击打；己方左脚左前上步，成为左虚步，同时，用右臂向右上挑架开对方来拳（图 2–109）。动作不停，右手顺势刁抓住对方右腕向右后回领其右臂（图 2–110）。接着，己方左腿支撑身体，同时，上提右膝，用右膝向对方腹部撞击（图 2–111）。接着，右腿顺势向前下落步，并用右腿向右后挂对方右腿，同时，用右臂向前下揽胸下按，使对方后倒（图 2–112）。

图 2–109

图 2–110

图 2-111

图 2-112

**要点：**上架防拳要及时，刁抓腕回领对方右臂要顺对方冲拳之劲，领臂与撞膝顶击对方腹部要协调一致。领臂一要防止对方后闪躲己方之撞膝，二可加大对对方的撞击力。右腿后挂与右臂揽按要协调一致，后挂腿要突然、迅猛，揽胸下按要有力，力达右腿和右臂。

**五、连拳击面提膝撞胸**

己方左脚前上一步，成为左弓步，同时，用左拳向对方面部击打；对方右脚前上一步，成为右弓步，同时，用右臂向右上挑架开己方左拳（图 2-113）。己方再前上右脚一步，成为右弓步，同时，用右拳向对方面部击打；对方右脚后退一步，并用左臂向上挑架开己方右拳（图 2-114）。对方右脚前跟半点成为跪步，并用右直拳向己方裆部击打；己方速上提右膝挡防住对方右拳（图 2-115）。接着，己方右脚前下落步，支撑身体，并提左膝，向对方胸部顶撞（图 2-116），使对方胸部受伤。

图 2-113

图 2-114

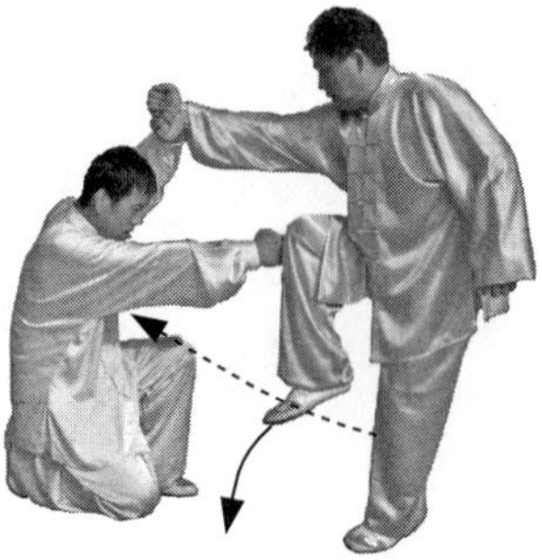

图 2-115

图 2-116

**要点：**上步与冲拳要一致，左右两拳冲打要连贯。提膝阻挡对方右拳要及时，左膝撞击对方胸部要快速、准确、有力，力达左膝。

## 六、架防踹腿击肋挑踢

对方左脚前上一步，成为左弓步，同时，用左直拳向己方胸部击打；己方左脚左前上步，闪身躲开对方来拳之锋芒（图 2-117）。接着，己方用左臂向左上挑架住对方左臂，右腿支撑身体，提左腿用左脚向对方小腿侧踹击（图 2–118）。己方左腿顺势下落成为马步，同时，用左侧冲拳向对方左肋部击打（图 2–119）。动作不停，己方右腿支撑身体，用左腿向右前上方挑踢对方左腿，同时，用左掌向左下按击对方后背部，使对方向前倒地（图 2–120）。

**要点：**偏身躲拳要及时，架防对方来拳幅度不可太大，架臂与侧踹对方左腿要协调一致。侧踹腿要迅猛，力达左脚掌。马步侧拳击腿要猛狠。左腿挑踢与左掌左下按击要一致，挑踢快速，按击有力，力达左腿和左掌。

图 2–117

图 2–118

图 2-119

图 2-120

## 七、架防踩腿按背提裆

对方左脚前上一步，成为左弓步，同时，用左直拳向己方胸部击打；己方左脚左前上步，闪身躲开对方来拳之锋芒（图 2–121）。接着，己方左臂向左上架挡防开对方左来拳，左腿支撑身体，同时用右脚向对方左小腿胫骨踩击（图 2–122）。接着，己方右脚下落于对方裆前，左手向前下按对方后背，同时，右手从对方臀后插入裆部上提（图 2–123），使对方向前倒地（图 2–124）。

图 2–121

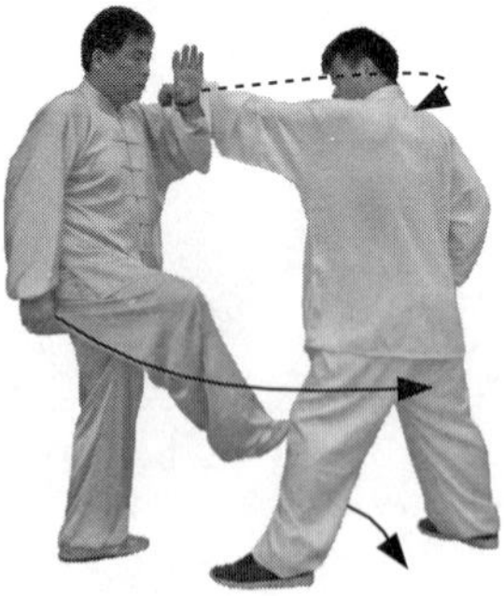

图 2–122

图 2-123

图 2-124

**要点：**闪躲防对方左拳要及时，架臂踩腿要协调一致，踩腿要迅疾、猛狠。按背与提裆同时用力，左手下按，右手上提，形成力偶，两手按提有力，力达两手。

## 八、闪抄腿摔提臂踩肋

对方左腿支撑身体，用右弹腿向己方腹部弹踢；己方左脚左前闪身上步，躲开对方之来腿（图 2-125）。己方速用右臂抄抱住对方右大腿部左臂揽抱住对方胸部（图 2-126）。接着，己方右臂向上抄提对方右腿，左臂揽住对方胸部向左下按击，使对方后摔（图 2-127）。动作不停，己方左腿支撑身体，左手顺势抓住对方右臂向上提，同时，并用右脚向对方右肋部踩击，使对方肋部受伤（图 2-128）。

**要点：**偏身上步要快速，抄抱腿要及时，抄抱腿与左臂向左下揽按胸要协调一致，抄腿向上用力，揽按向左下用力，使力形成力偶。左手领提对方右臂要有力，右脚踩击对方肋部要猛狠，力达左手和右脚。

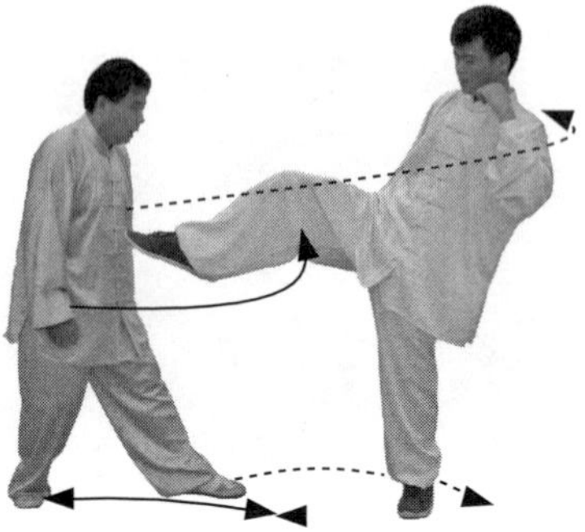

图 2-125

图 2-126

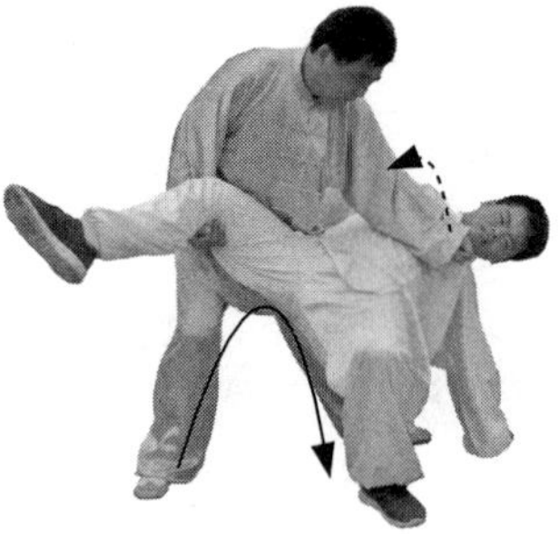

图 2-127

图 2-128

# 第五节　挎的实战用法

挎是弯臂短击或向上挑挎、胯撅撞的一种短打法或擒拿或快摔的技法。此法可刚可柔，刚柔相济，发力时，突然用力，阴阳相合、虚实共用、借力打力、巧使多变。运用时“胯肘进法走旁门，闪去一边躲避身，侧身贴身靠山势，两肩抖翻就外拧，抎掠抓用双靠手，腰势一煞往上穿，若是以法放不倒，急用引手莫留情”。常用的挎法有短击、挎肘、撅挺和胯撞等。

## 一、左右捧封切肋靠摔

对方右脚前上一步，成为右弓步，同时，右翻砸拳向己方面部砸来；己方右脚前上一步，成为右弓步，同时，用两手向左上捧封住对方右砸拳（图 2–129）。对方见右拳失效，速用左掌向己方面部推搓；己方用两臂向右上捧封其来掌（图 2–130）。接着，己方右手继续捧住对方左掌，腾出左掌向对方左肋部切击（图 2–131）。动作不停，己方右脚前上，成为马步，右掌臂从对方胸部穿过并向后靠其胸，使对方左后倒（图 2–132）。

**要点：**左右捧封要及时，捧封时要注意捧固住对方上臂和前臂，以防屈肘攻之。切掌击肋要快速，力达左掌外侧缘，此法为短击法，要做到突然、迅疾。上步穿臂敞怀靠要一致，靠击对方胸部要快速有力，力达右臂。

图 2–129

图 2–130

图 2-131

图 2-132

## 二、刁腕绊腿顶肋推背

对方右脚前上一步，成为马步，同时，用右冲拳向己方胸部击打；己方左脚左前上闪身躲开对方来拳之锋芒，并用右手刁抓住其来拳之腕（图 2–133）。动作不停，己方左脚前上步于对方右腿前方，别绊住其右腿，同时，右手向右后回领对方右臂，并用左肘顶击对方右肋部（图 2–134）。接着，己方用左掌向前下推击对方后背（图 2–135），同时，左腿向左后挂

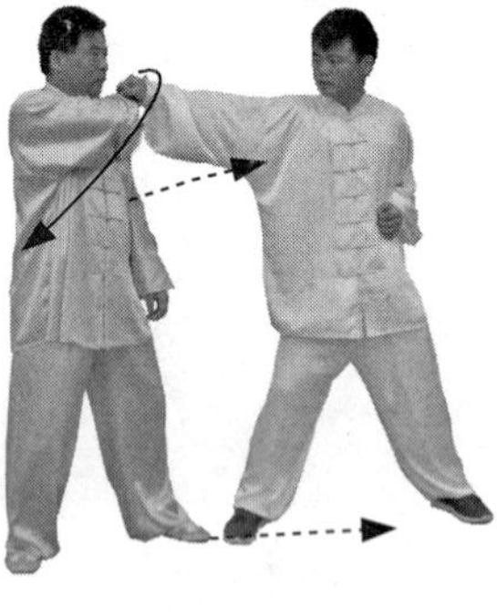

图 2–133

图 2–134

对方右腿，使对方前倒（图 2–136）。

**要点：**闪身、刁腕领臂要及时，上步绊腿要牢固，左肘顶击对方右肋要猛狠。领臂、挂腿、推背要一致，挂腿要突然，推背要有力，力达左腿和左掌。

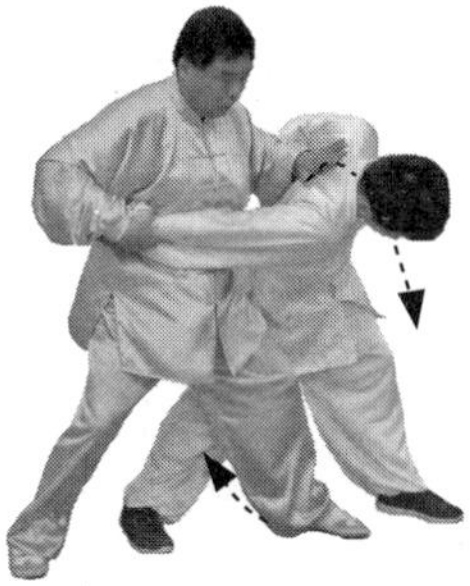

图 2–135

图 2–136

## 三、刁腕托肘领臂背摔

对方左脚前上一步，成为左弓步，同时，用左直拳向己方面部击打；己方右脚右前上步，同时，用左掌刁抓住对方左腕（图 2–137）。接着，己方用右掌从对方左肘下向上托其肘关节，使对方左肘受控而不能变化（图 2–138）。动作不停，己方左脚向左后调步，己方右肩从对方左腋下钻过，两手抓住对方左腕向前下领拉，臀部向后上撅挺（图 2–139）。己方将对方背起向左偏身，摔击对方（图 2–140）。

**要点：**闪躲要及时，刁腕要牢，托肘时要向下扳腕，以加大对对方左肘的控制力度，调步转身要快速，扛臂背摔对方时两手向下拉臂、向后撅臀，两腿直挺要协调一致，撅臀要突然，下拉臂要有力，偏身摔击对方要快速。这些动作要在瞬间一气呵成。

图 2–137

图 2–138

图 2–139

图 2–140

## 四、闪防扛背手别偏摔

对方左脚前上一步，同时，用左直拳向己方面部击打；己方右脚右前偏身上步，闪躲开对方来拳，并用左手刁抓住对方左腕（图 2–141）。己方左脚左后调步，右手托抓住对方左臂，同时，右肩从对方左臂下钻过扛住对方左臂（图 2–142）。动作不停，己方右臂伸直紧贴住对方腹部和右大腿，同时，左手向左前下拉领对方左臂，右臂向右后别对方右腿，上体向右前偏身下俯，右肩向前下背扛对方（图 2–143），将对方向前摔倒(图 2–144)。

**要点：**闪防要及时，抓腕要牢，调步要快，右肩扛牢对方左臂，右掌贴紧对方腹腿。向右前下拉臂、扛背与右臂向右后别动作要协调一致，别、背、拉要快速、有力，整个动作要一气呵成、干脆利落。

图 2-141

图 2-142

图 2-143

图 2-144

## 五、闪防抓腕领臂背摔

对方前上右脚一步，同时，用右拳向己方面部击打；己方左脚左前偏身上步，闪躲开对方来拳，并用右手刁抓住对方右腕（图 2–145）。接着，己方左脚前上一步于对方裆前，右脚后调步，身体右后转，同时，两手抓住对方右腕，己方左肩从对方右上臂下钻过扛住对方右臂（图 2–146）。动作不停，己方两腿上挺，臀部向后撅，上体前俯，两手向前下拉对方右臂（图 2–147），将对方过己方身向前摔出（图 2–148）。

**要点：**闪防要及时，调步转身要快速，扛臂要牢固，挺膝直腿、撅臀、俯身、拉臂要协调一致，动作要一气呵成，挺膝、撅臀、俯身、拉臂要迅疾、猛狠，干脆利落。

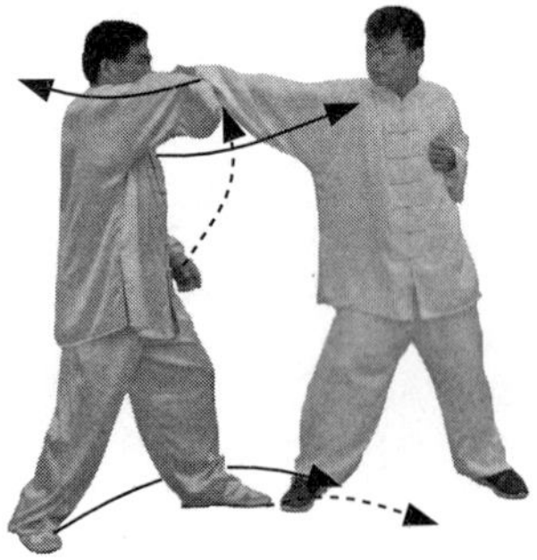

图 2–145

图 2–146

图 2–147

图 2–148

## 六、左右捧封切肋顶胸

对方右脚前上一步，成为右弓步，同时，右翻砸拳向己方面部砸来；己方右脚前上一步，成为右弓步，同时，用两手向左上捧封住对方右砸拳（图 2–149）。对方见右拳失效，速用左掌向己方面部推搓；己方用两臂向右上捧封其来掌（图 2–150）。接着，己方右手继续捧住对方左掌，腾出左掌向对方左肋部切击（图 2–151）。接着，己方左脚前上一步于对方右腿后，挂绊住对方右腿，同时，屈左肘，用左肘顶击对方胸部，使对方后倒（图 2–152）。

**要点：**左右捧封要及时，捧封时要注意捧固住对方上臂及前臂，以防对方屈肘攻击。切掌击肋要快速，力达左掌外侧缘，此法为短击法，要做到突然、迅疾。左脚上步要快速，绊挂住对方右腿要牢固，左肘顶击对方胸部要快速、准确、有力，力达左肘。

图 2–149

图 2–150

图 2-151

图 2-152

## 七、压肩挂腿肩靠撞摔

对方左脚前上一步，成为左弓步，同时，用左掌向己方胸部推击；己方右脚前上步于对方左脚前方，闪身躲开对方来拳之锋芒，并用左手刁抓住对方来掌之腕（图 2-153）。接着，己方左手抓其腕向左后领拉对方左臂，用右手向前下推压对方左肩，并用右腿向右后挂对方左腿，使对方前倒（图 2-154）。对方向上起身，己方用右肩靠撞对方左肋部（图 2-155），将对方撞倒在地（图 2-156）。

图 2-153

图 2-154

图 2-155

图 2-156

**要点：**领臂、按肩、挂腿要协调一致，挂腿快速、按肩有力，右肩靠撞对方肋部要迅疾、猛狠。

## 八、接腕挎肘前挤靠摔

对方右脚前上一步，成为右弓步，同时，用右拳向己方面部击打；己方左脚左前上步偏身闪开其来拳，并用右手接抓住其来拳之腕（图 2-157）。动作不停，己方左臂从对方右臂下穿过，屈肘向上挎对方右肘，右手向下按其腕，使对方右肘关节受制（图 2-158）。接着，己方用左前臂向前挤靠对方胸部，右手助力前推（图 2-159），使对方向后摔倒在地（图 2-160）。

**要点：**闪防要及时，接抓腕要牢固，下按腕与挎肘要协调一致，同时相对用力。向前挤靠对方胸部要有力，力达左臂。

图 2-157

图 2-158

图 2-159

图 2-160

## 第六节　缠的实战用法

缠是一种绕转的手法。缠有小缠、大缠之分，小缠缠腕，大缠缠臂。此技包括绕、转、拧、绞、切、压、锁、扣等。其特点是黏、连、随、转发力，发力时可以阴阳相合、连绵不断，钻空破绽，使其不能相顾，而克敌制胜。缠法歌云："前手一缠后手随，足踏中门顺步跟，前手往下按他手，后手外拨猛进身，大缠犹如捆柴样，使上就是一跟头，小缠压腕折其肘，使摔使拿样样有。”缠常常与击打、靠摔等相结合。

## 一、捧腕扣掌切腕搡捶

对方右脚前上一步，成为右弓步，同时，用右掌向己方胸部推击；己方右脚右前上步，偏身闪躲开来掌，右腕向上捧住对方来掌（图 2–161）。接着，己方左掌按盖住对方右掌背，将对方右掌按固于己方右腕上，己方右掌向对方右腕外侧上翘（图 2–162）。接着，己方左脚前上步，身体右转，两手夹着对方右掌向右后引领对方右臂，同时，以右掌外缘为力点，用右掌侧缘向右下缠切对方腕部，使对方腕关节受伤（图 2–163）。对方若上身上起，己方左脚左上步，别绊住其右腿，同时，左拳向左搡击，过对方胸部，并用左臂向左后横击，使对方后摔（图 2–164）。

**要点：**闪躲要及时，捧腕按掌相对用力，将对方右掌夹牢，上步、转身、引臂、切腕要协调一致，右掌缠切其腕要以右掌外缘为力点，缠切有力。上步与搡捶要一致，左拳搡出后臂要向后用力，靠撞猛狠，力达左臂。

图 2–161

图 2–162

图 2-163

图 2-164

## 二、抓腕旋拧折腕推臂

对方前上左脚一步，同时，用右拳向己方面部击打；己方左脚左前上步闪身躲开对方来拳之锋芒，并用右掌向右上反手接抓住其来拳之腕（图 2-165）。己方右手抓住对方右腕快速向里、向上拧转，使对方右臂被反拧成手心向上，己方左手抓住对方右拳拳背（图 2-166）。动作不停，己方左手向前下推折对方右拳背，使对方右腕被折（图 2-167）。己方继续用力，向前推臂，使对方右肩受制而前倒（图 2-168）。

图 2-165

图 2-166

图 2-167

图 2-168

**要点：**接抓腕要及时，旋拧对方右臂要快速，推折对方右腕及右臂要连续用力，力达两手。

### 三、捧腕按掌屈肘压腕

对方左脚前上一步，成为左弓步，同时，用左拳向己方胸部击打；己方向后吞胸，躲开其来拳（图 2-169）。己方右腕向上捧住对方左腕，左掌按于对方左拳背上，将对方左拳按固于己方右腕上（图 2-170）。接着，己方上体左转，同时，屈右肘从对方左腕外向上、向里下压对方左腕，使对方左腕受制（图 2-171）而向前倒地（图 2-172）。

图 2-169

图 2-170

图 2-171

图 2-172

**要点：**吞胸躲拳要及时，右腕向上捧与左掌下按要相对用力，固牢对方左拳。右臂左下压对方左腕要有力，力达右前臂。

## 四、按固里勾缠切折腕

己方右脚前上一步，同时用右拳向对方腹部击打；对方左脚在前，并用左手接抓住己方右拳腕（图 2-173）。己方左手按固在对方左手背上，同时，右掌从对方左腕外侧上翘（图 2-174）。动作不停，己方右掌向里、向下缠切压对方左腕（图 2-175）。动作不停，右掌继续向下勾切缠压对方左腕，左手配合前推其臂，使对方左腕受制而下跪于地（图 2-176）。

**要点：**左掌按对方左手背于己方右腕上要牢固，右掌向里下勾压缠切要有力，力达右掌小指侧缘，并配合向前推送对方左臂折其腕，推腕有力。

图 2-173

图 2-174

图 2-175

图 2-176

## 五、扒扣里勾拉托折腕

对方左脚前上一步，同时，用左掌向己方推来；己方右脚前上步，同时，用右手接抓住对方左掌，成互握状（图 2-177）。接着，己方左脚前上一步，身体右转，左臂从对方左臂下穿过向上，向里绕扣住对方拇指侧（图 2-178）。接着，己方左手向左后勾拉其左腕，己方右手向前上托折对方左掌（图2-179），使对方左腕被折而受制（图 2-180）。

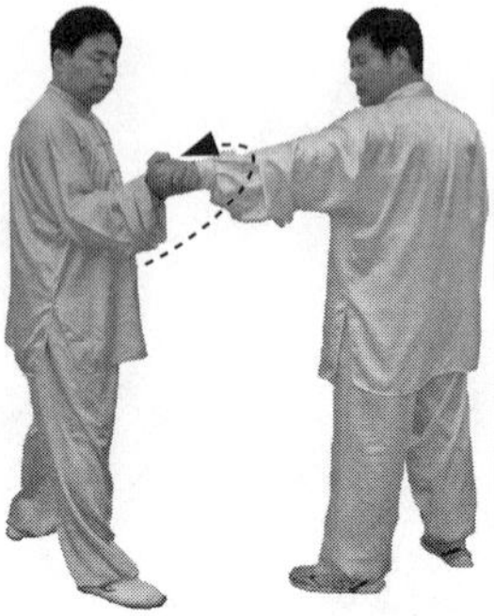

图 2-177

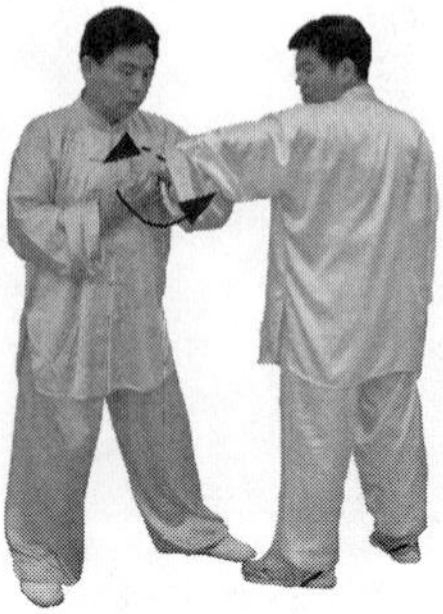

图 2-178

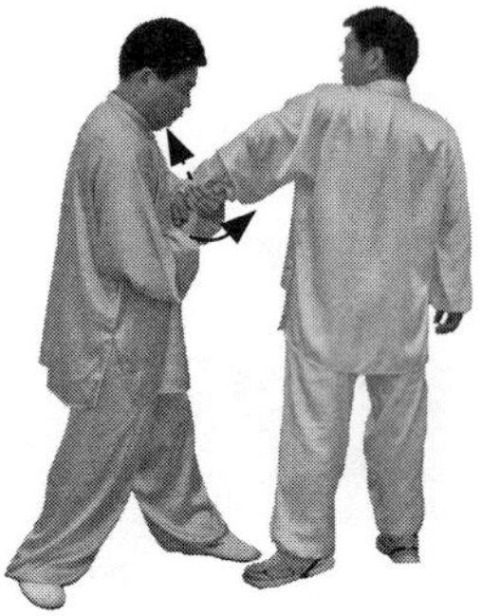

图 2-179

图 2-180

**要点：**左掌扣住对方左手要牢固，勾拉对方左腕要有力，勾拉腕与右手向前上托折对方左掌要协调一致，同时用力，力达两手。

### 六、扣掌折腕反臂拧摔

对方右脚前上一步，同时，用右掌向己方胸部推击；己方右脚前上一步，用胸部迎住对方来掌（图 2-181）。接着，己方屈左臂，用左手覆盖于对方右掌背上，同时用左掌四指扣住对方拇指侧于己方胸部（图 2–182）。左手扣住其拇指侧向左下翻拧对方右臂，右手四指扣于对方右掌心内，两手拇指抵住对方右掌背，向前下推折对方右腕（图 2–183）。动作不停，两手折住对方右腕，身体左转，随转身向左下反拧对方右臂，使其腕、肘、肩受制而后倒（图 2–184）。

图 2–181

图 2–182

图 2–183

图 2–184

**要点：**以胸部迎接对方掌击时要吞身避其锋芒后再用胸向前贴实其掌。左手按扣对方右掌于胸部要牢固，扣掌旋拧折腕要有力，折腕时两手掌小指侧外缘向下、向里压拉，同时两拇指向前下低推，动作要协调一致，力达两拇指。向左下反拧对方右臂时，要转腰、折腕、引臂、反拧同时进行，整个动作要融为一体。旋拧有力，力达两手。

## 七、捧腕索扣切腕送摔

对方右脚前上一步，成为右弓步，同时，用右掌向己方胸部推来；己方左脚左前上步，并用右腕向前迎接对方来掌，将对方来掌捧住（图 2–185）。接着，己方上体右转，左掌从对方右臂下穿过向上覆盖于对方右掌背上，并用四指扣住对方右掌小指侧缘（图 2–186）。己方右掌从对方右腕外侧上翘，以右掌小指侧缘为力点，向右下切对方右腕，使对方右腕受伤（图2–187）。动作不停，己方右掌边切对方右腕，边向右下旋拧对方右臂，边向前推送，以加大对对方右腕的切击力度，使对方难以承受而跪地前倒（图 2–188）。

**要点：**捧腕迎接对方来掌要及时，左掌盖扣对方右掌要牢固，四指要紧扣住对方右小指侧缘，切腕要有力，力达右掌小指侧缘，要边切腕、边旋拧其臂、边向前推送，整个动作要协调一致，一气呵成，融为一体。

图 2–185

图 2–186

图 2-187

图 2-188

## 八、索扣按掌屈臂压肘

己方右脚前上步，欲出右掌向对方左肋部攻击；对方左脚前上一步，成为左弓步，同时，用左手直握抓住己方右腕（图2-189）。己方用左手按在对方左掌背上方，将对方左掌索扣在右腕上，并屈右臂向左回领对方左臂，将其左臂引直（图2-190）。接着，己方两手索扣住对方左掌，边引其臂，边向前下旋拧，使对方左肘关节转向上，己方右肘从对方左臂后侧向上、向前下压对方肘关节（图 2-191），使对方左肘受制而后坐于地（图 2-192）。

图 2-189

图 2-190

图 2-191

图 2-192

**要点：**捧按索扣对方左掌要牢固，索扣住对方左掌后要边向前下旋拧，边向左后回领其左臂，要将对方左臂引直，且使其肘关节转向上；右肘压对方肘时，要反其关节，压肘要有力，力达右肘肘尖。

## 九、抓腕反拧压肘靠胸

对方右脚右侧上一步，同时，用右拳向己方胸部击打；己方右脚右前上步，并用右手反手向右上捧接抓住对方右来拳之腕（图 2-193）。接着，己方左腿支撑身体，右腿屈膝上提，同时，右手反抓其右腕向右、向下、向里上反拧对方右臂（图2-194）。动作不停，右脚下震落步，左脚前上一步于对方右腿后方，左臂屈肘，用左肘向对方肘关节部位压砸，使对方右肘被砸而受伤（图 2-195），接着，己方用左臂从对方胸前穿过，并向后横力靠击对方胸部，使对方后倒（图 2-196）。

**要点：**反手接抓对方来拳要及时，反拧其右臂要边旋拧边引领，引领、上步、砸肘要协调一致，一气呵成，砸肘要反其关节，左臂横击靠对方胸部要迅疾、猛狠，力达左臂。

图 2-193

图 2-194

图 2-195

图 2-196

## 十、挂防进身揽腰推胸

对方右脚右侧上步，成为马步，同时用右侧冲拳向己方左肋部击打；己方左脚里收半步，成为左虚步，同时，用左臂向外挂开其来拳（图 2-197）。接着，己方左脚前上一步于对方右腿后侧，左臂从对方右腋下穿过揽住对方后腰，并用左手中指抠击对方左肋部章门穴（图 2-198）。动作不停，己方用右手向对方胸部推击（图 2-199），使对方腰被后折而后倒（图2–200）。

**要点：**挂臂防拳要及时，进步揽腰要一致，抠击章门穴要有力，力达中指端，揽腰与推胸动作要一致，左臂里揽，右掌左前推，同时，相对用力，推击有力，力达右掌。

图 2–197

图 2–198

图 2–199

图 2–200

## 十一、反手抓拧压肘挂臂

对方右脚右侧上一步，同时，用右拳向己方胸部击打；己方右脚右前上步，并用右手反手向右上捧接抓住对方右来拳之腕（图 2–201）。接着，己方左脚前上一步于对方右腿后方，右手反抓其右腕向右、向下、向里上反拧对方右臂，左臂屈肘，用左肘向对方肘关节部位压砸，使对方右肘被砸而受伤（图2–202）。动作不停，己方左肘向前、向下挂住对方右上臂，向下、向后挂压对方右上臂（图 2–203），使对方右臂被挂而后倒（图 2–204）。

**要点：**反手接抓对方来拳要及时，反拧其右臂要边旋拧边引领，引领、上步、砸肘要协调一致，一气呵成，砸肘要反其关节，左肘挂臂要有力，力达左肘。

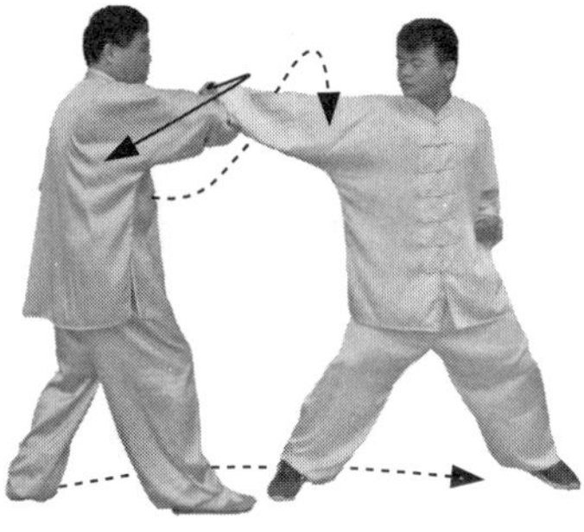

图 2–201

图 2–202

图 2–203

图 2–204

## 十二、横推防拳扛臂索肩

对方右脚前上一步，同时，用右拳向己方面部击打；己方左脚前上步，同时，用右掌向左横推开对方来拳（图 2–205）。动作不停，左脚向前进步于对方右腿后侧方别绊挂住对方右腿，同时，用左肩扛住对方右臂，己方左臂从对方右肩后上伸（图 2–206）。左臂里屈，压扣索住对方右肩，右手抓住己方左腕，向左下拉臂，使对方右肩被控而受制（图 2–207）。当对方向上起身反抗时，己方右手扒按住对方后颈，左腿支撑身体，提右膝向上撞击对方面部，使对方面部受伤（图 2–208）。

图 2–205

图 2–206

图 2–207

图 2–208

**要点：**右掌向左横推对方来拳要及时，此法为以横破直。进步要快，扛臂要牢，左臂索肩要反其关节，索肩要有力。右手扒按对方后颈与右膝上撞要一致，撞击对方面部要快速、准确、有力，力达右膝。

## 十三、架挡夹臂挎肘推胸

对方右脚右侧上步，同时，用右侧冲拳向己方胸部击打；己方左脚前上步，同时，左臂上抬，架挡住对方来拳（图 2–209）。己方右臂从对方右臂内侧向上、向外、向下绕，并用左腋夹住对方右腕（图 2–210）。接着，己方左臂从对方右臂下方向里上缠绕屈肘上挎对方右肘关节，使其右关节受制（图2–211）。接着，己方用右掌向左下推击对方胸部，使对方后倒（图 2–212）。

**要点：**架挡防拳要及时，绕臂夹腕要牢固，缠臂要紧，挎肘要反其关节，挎肘有力，右掌推胸要猛狠，力达右掌。

图 2–209

图 2–210

图 2-211

图 2-212

## 十四、护肩屈肘压腕关节

对方右脚前上一步，并用右手抓己方左肩（图 2-213）。己方右手向左按于对方右掌背于己方左肩上（图 2-214）。接着，己方左臂从对方右腕外侧上举（图 2-215）。动作不停，己方左臂屈肘，用左肘向右下，砸击对方腕关节及右臂，使对方右臂及右腕关节受制前倒而不能动弹（图 2-216）。

**要点：** 右手按对方右掌于左肩上要牢固，左肘砸腕要反其关节，砸腕有力，力达左肘。

图 2-213

图 2-214

图 2-215

图 2-216

## 十五、护肩反肘压腕关节

对方左脚前上一步，同时，用左手抓己方左肩部（图 2-217）。接着，己方右手向左按住对方左掌背于己方左肩上，同时，己方左臂从对方左臂外侧上举（图 2-218）。动作不停，己方左屈左肘向外下压对方左腕关节（图 2-219），使对方左腕关节受制而受伤（图 2-220）。

**要点：**右手按对方左掌于左肩上要牢固，左肘砸腕要反其关节，砸腕有力，力达左肘。

图 2-217

图 2-218

图 2-219

图 2-220

## 十六、反手抓腕扳肘旋拧

对方右脚右侧上步成为马步，同时，用右侧冲拳向己方面部打来；己方左脚前上一步，同时，用左手反手接抓住对方来拳之腕（图 2-221）。接着，己方右手从对方右肘下托扳住对方右肘（图 2-222）。动作不停，己方右手向里拉上托对方右肘，左手向左下按压（图 2-223），使对方右臂被反拧受制而后倒（图 2-224）。

图 2-221

图 2-222

图 2-223

图 2-224

**要点：**左手接抓对方右腕要及时，右手托住对方右肘要牢固，右手里拉上托肘与左手的左下按压腕要协调一致，拉肘、按腕有力，力达两手。

# 第三章　八大招实战用法

八大招是八极拳技击的八种招法，是八极拳的技击精华，也是八极拳的技击核心。在实战中要求做到眼随手转，手脚齐到，上打下封，紧逼硬攻，长短兼施，尤擅长“进身靠打，挨身肘发”。现将各招的实战用法介绍如下。

## 第一节　阎王三点手的实战用法

阎王三点手又称“阎王闪电手”，也有写为“眼望三点手”的，它是三连击的手法。往往三盘连击，长短兼施。运用起来，使人防不胜防，似如连珠炮，又如疾风暴雨。以疾为宗，以连续追打为要。

### 一、击面搓鼻推胸

对方左脚前上一步，成为左弓步，同时，用左拳向己方面部击打；己方右脚稍向右后撤步闪身，成为左虚步，躲开对方左拳锋芒（图 3–1）。接着，己方左手向左上拨挡对方来拳之腕（图 3–2）。动作不停，己方右脚前上一步，同时，左手顺势刁抓住对方左腕向左后回领，并用右拳向对方面部击打（图 3–3）。对方左脚后撤一步，身体左转，并用两手向左上捧封己方右拳臂（图 3–4）。接着，己方上体左转，并用左掌向对方鼻部推击；对方右臂上架开己方左掌的推击（图 3–5）。对方预防己方屈左肘击其胸，用左掌向左捧住己方左上臂（图 3-6）。接着，己方身体左转，成为马步，同时，左掌向左摆撑，并用右撑掌向对方胸部推击，使对方胸部受伤（图 3-7）。

图 3-1

图 3-2

图 3-3

图 3-4

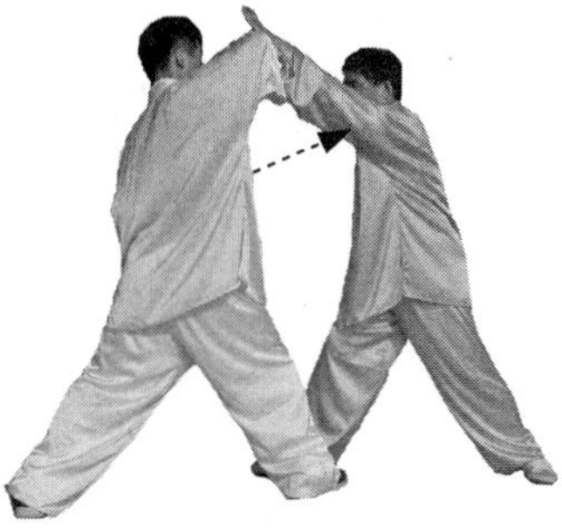

图 3-5

图 3-6

图 3–7

**要点：**动作要连贯，招招快速，击面、搓鼻、推胸要一气呵成，击打有力，使对方防不胜防。

## 二、斩颈击腹推颏

对方右脚前上一步，成为右弓步，同时，用右拳向己方面部击打；己方左脚前上步，同时用左臂向左上拨挡开对方来拳（图 3–8）。接着，己方上体稍向右转，左掌沿对方右臂，以左掌小指侧为力点，向对方右颈侧斩击（图 3–9）。接着，己方上体左转，同时，用右拳向对方腹部击打（图 3–10）。动作不停，上体再右转，右手右摆，左掌向左侧上推击对方下颏，使对方颏部受伤（图 3–11）。

**要点：**拨挡防对方右拳要及时，斩颈、击腹、推颏动作要连贯、快速、有力，力达两手。

图 3-8

图 3-9

图 3-10

图 3-11

## 三、击腹连拳击颏

对方左脚前上一步，同时用左拳向己方右耳部贯击；己方右脚右前上步，同时，用右臂向右上架挡住对方来拳（图 3-12）。动作不停，己方上体左转，并用右侧冲拳向对方腹部击打（图 3-13）。当对方吸腹化消己方右拳时，己方上体右转，并用左直拳向对方下颏部击打（图 3-14）。接着，己方上体左转，左拳左摆举，同时，用右拳撑打对方下颏部，使对方颏部受伤（图 3–15）。

**要点：**右臂架挡对方左贯拳要及时，右拳击腹与左右两拳连续击打对方下颏部要连贯、快速、准确、有力，力达拳面。

图 3–12

图 3–13

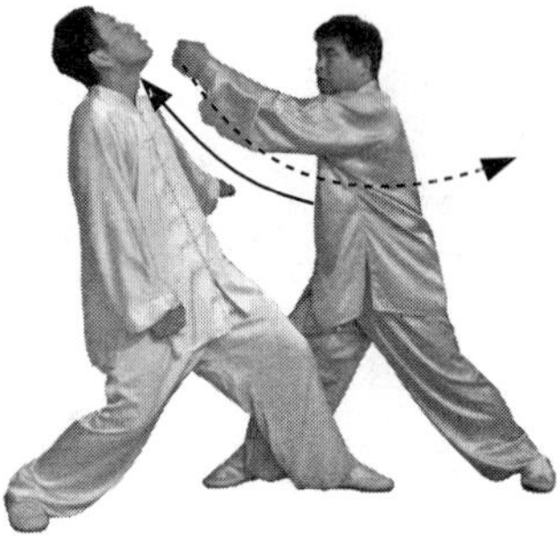

图 3–14

图 3–15

## 四、斩颈推颏击喉

对方右脚前上一步，成为右弓步，同时，用右拳向己方面部击打；己方左脚前上步，同时用左臂向左上拨挡开对方来拳（图 3–16）。接着，己方左手顺势向左下按对方右臂，同时，用右掌，以小指侧为力点，向对方左颈部斩击（图 3–17）。动作不停，己方上体右转，右掌成拳收抱于右腰间，同时，用左推掌向对方下颏推击（图 3–18）。接着，己方上体左转，并用右直拳击打对方喉部，使对方头部、喉部受伤（图 3–19）。

**要点：**挑防对方右拳要及时。右掌斩颈、左掌推颏、右拳击喉动作要连贯，击打要快速、准确、有力，力达两手。

图 3–16

图 3–17

图 3–18

图 3–19

## 第二节　猛虎硬爬山的实战用法

猛虎硬爬山是一种由下向前上踢打的技法，势如猛虎爬山之状故而得名，有攀打之特征。

### 一、踩腿扇耳顶胸撞腹

对方左脚前上一步，成为左弓步，同时，用左拳向己方喉部击打；己方左脚前上步成为左虚步，偏身躲过对方左拳锋芒（图 3-20）。动作不停，己方用左掌向左拨开对方来拳（图 3-21）。接着，己方左手顺势刁抓住对方左腕向左后回领，同时，己方用右脚向前踩击对方左小腿胫骨，并用右掌向对方左耳部扇击（图 3-22）。对方左脚后撤步，防己方之踩击；己方右脚下落步，左脚前上一步，身体右转，同时用左肘顶击对方胸部（图 3-23）。接着，己方左腿支撑身体，同时，用右膝向对方腹部撞击，并用右上攒拳击打对方下颏部（图 3-24），使对方腹部、颏部受伤。

图 3-20

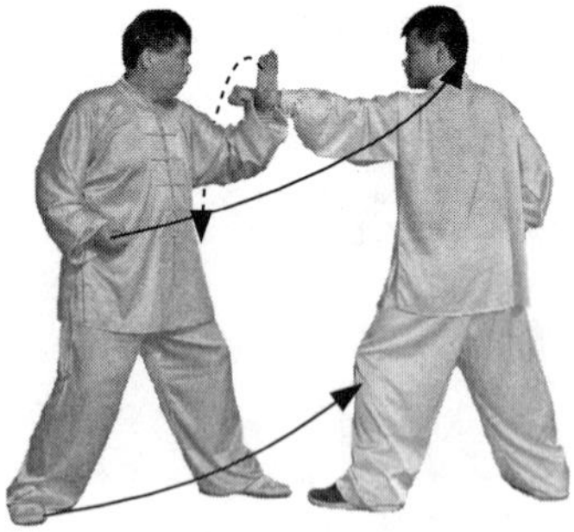
图 3-21

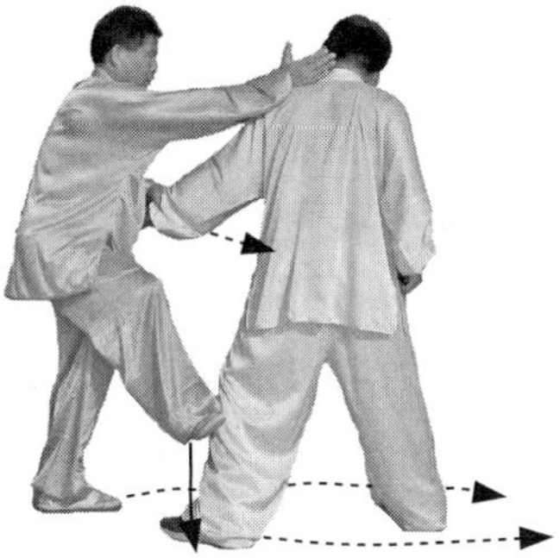

图 3-22

图 3-23

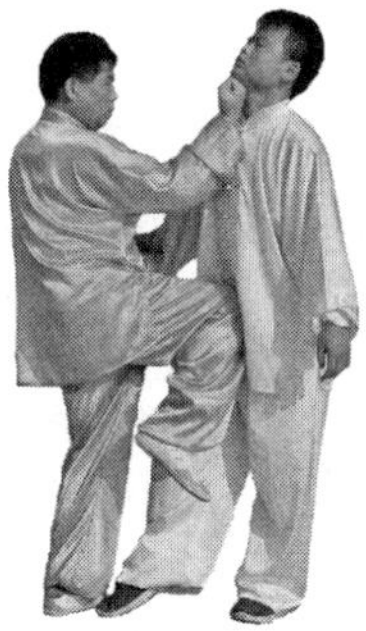

图 3-24

**要点：**闪防拨挡防拳要及时，踩腿、领臂、扇耳要协调，同时进行，上下齐攻。上步与顶肘要一致，做到步到、肘到，顶肘要快速、有力，力达肘尖。撞腹时，支撑腿要稳，撞腹、攒颏要同时进行，撞、攒要迅疾、猛狠。

## 二、接抱防腿顶肋踩腿

对方左腿支撑身体，同时用右腿向己方腹部击打；己方左腿左前上步，偏身躲过来腿，并用两手接抓住对方来腿（图 3-25）。接着，己方左脚带动右脚向前进身，同时，右手抱住对方右腿，并用左肘顶击对方右肋部（图 3–26）。动作不停，己方再用左前臂向左横击对方腹部（图 3–27）。接着，己方左腿支撑身体，并用右脚向对方左膝内侧踹击，使对方腿部受伤(图 3–28)。

**要点：**闪身、接抓腿要及时，上步进身要快速，左肘顶肋与左臂横击腹要连贯、迅疾、猛狠。踩击对方左膝内侧时，支撑腿要稳，踩其腿要快速、准确、有力，力达右脚。

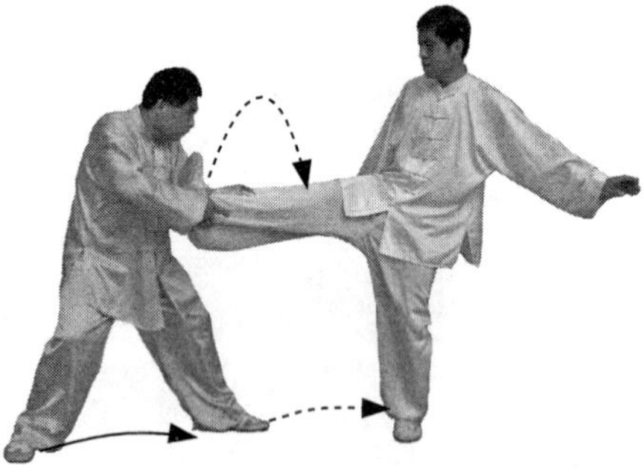

图 3–25

图 3–26

图 3-27

图 3-28

### 三、挑架防拳扣脚踩膝

对方左脚前上一步，成为左弓步，同时，用左拳向己方面部击打；己方左脚前上一步，成为左弓步，同时，用右臂向右上挑架开对方来拳（图 3-29）。接着，己方右脚向前一步于对方左脚前，己方右脚外撇扣住对方左脚，使其不能变化（图 3-30）。动作不停，右脚支撑身体，己方用左脚向对方左膝部下踩，使其膝部受伤（图 3-31）。

**要点：**挑架防拳要及时，上步要快速，扣脚要牢固，踩膝要反其关节，踩击要快速、准确、有力，力达左脚。

图 3-29

图 3-30

图 3-31

## 四、外分掌防踩膝撞腹

对方左脚前上一步，成为左弓步，同时，用两掌向己方胸部推击而来；己方左脚前上一步，成为左虚步，同时，两掌从对方两臂外侧向里于对方两臂上方（图 3-32）。动作不停，己方两掌向下从对方两臂内侧外分后挂防开对方两掌（图 3-33）。接着，己方左腿支撑身体，同时，用右腿向对方左膝部踩击（图 3-34）。接着，己方右脚下落步，支撑身体，同时，提左膝向对方腹部撞击（图 3-35）。

图 3-32

图 3-33

图 3-34

图 3-35

**要点：**两掌外分对方两掌要及时，右脚踩击对方左膝要快速、准确、有力，力达右脚。撞腹时，右腿支撑要稳，左膝撞击对方腹部要迅疾、猛狠。

## 第三节 迎门三不顾的实战用法

迎门三不顾，迎门就进，是指迎门而进；三表示一切；顾是顾守；总体而言就是不顾一切，硬打、硬开、硬进。有勇往直前、不可阻挡之势。

## 一、架防踩腿推面撑胸

对方左脚前上一步，成为左弓步，同时，用左拳向己方面部击打；己方左脚左前上步，偏身闪躲开对方来拳（图 3–36）。接着，己方右臂向上架挡开对方来拳（图 3–37）。动作不停，己方左腿支撑身体，同时，用右脚向前踩击对方左膝部，并用左掌向对方面部推击（图 3–38）。对方左腿后退步，防止踩膝；己方右脚下落，同时用右拳向对方左耳部贯击（图3–39）。对方左臂挡住己方右拳不停变直拳向己方面部击打；己方用左臂向左上挑架住对方来拳（图 3–40）。接着，己方上体左转，左拳左摆，同时，用右拳向对方胸部击打，使对方胸部受伤（图 3–41）。

**要点：**闪防架挡防拳要及时，踩膝、推面要一致，贯拳要迅猛，动作连贯，右拳击胸要快速、有力，力达右拳。

图 3–36

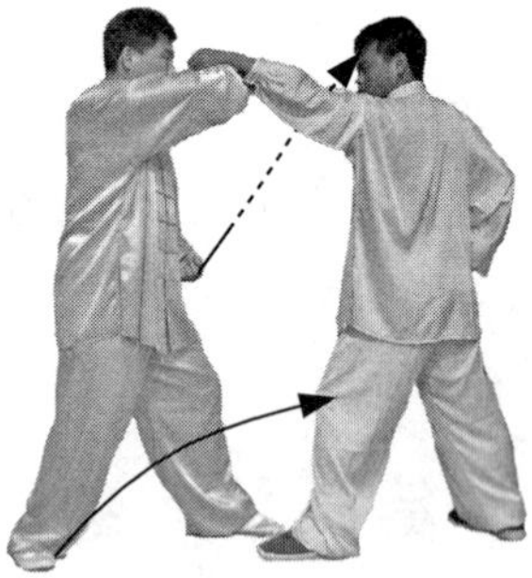

图 3–37

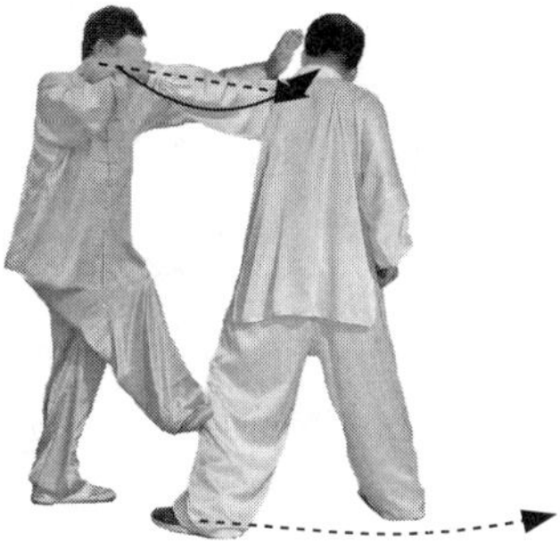

图 3-38

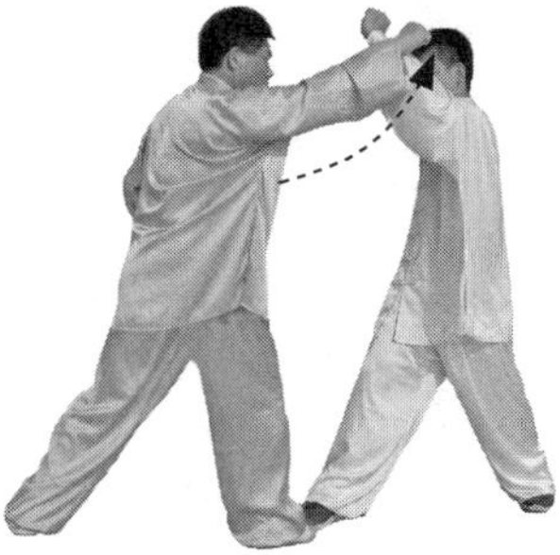

图 3-39

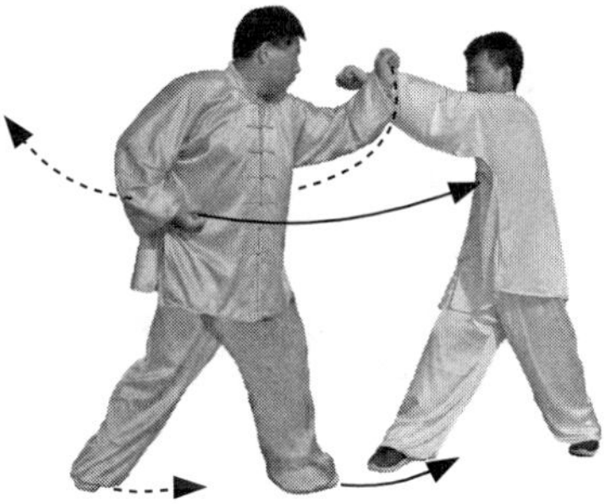

图 3-40

图 3-41

## 二、推颏击腹横拳贯耳

对方欲向己方进攻；己方抢上右脚一步，并用左掌向对方下颏推击（图 3-42）。接着，身体左转，左臂左摆，同时，用右侧冲拳击打对方腹部（图 3-43）。动作不停，己方上体右转，同时，用左拳向对方右耳部贯击，使对方耳部受伤（图 3-44）。

**要点：** 推颏、击腹、贯耳动作要连贯、快速、准确、有力，力达两手。

图 3-42

图 3-43

图 3-44

## 三、贯耳推颏拐肘击肋

对方左脚前上一步，成为左弓步，同时，用左直拳向己方胸部击打；己方右脚前上一步，偏身躲过对方来拳，并用右拳向对方左耳部贯击（图 3-45）。接着，己方身体右转，用左掌向对方下颏推击（图 3-46）。动作不停，己方上体左转，并用右肘向对方左肋部拐击，使对方肋部受伤（图 3-47）。

**要点：**贯耳、推颏、拐肘击肋动作要连贯、快速、准确、有力，力达击点。

图 3–45

图 3–46

图 3–47

### 四、搂防击颏刺喉顶胸

对方左脚前上一步，成为左弓步，同时，用左拳向己方胸部击打；己方用右手搂开对方来拳，同时，用左直拳向对方下颏部击打（图 3–48）。接着，己方身体左转，同时，用右掌向对方喉部刺击（图 3–49）。接着，己方右脚右侧上步于对方左腿外后侧，别绊住对方左腿，同时，用右肘向对方胸部顶击，使对方胸部受伤（图 3–50）。

**要点：**搂手防拳要及时，左拳击打对方下颏与右掌刺喉和右肘顶胸动作要连贯、快速、准确、有力，力达击点。

图 3–48

图 3–49

图 3–50

## 第四节　霸王硬折缰的实战用法

霸王硬折缰是一种领臂压肩或斩颈或击背的拿打技法，状如硬扯马缰而得名。此类招法拿中带打，长短兼施，刚柔相济，技击实用。

## 一、领臂压肩顶胸顶腹

对方左脚前上一步，成为左弓步，同时，用左直拳向己方面部击打；己方左脚左前上步闪身躲过对方来拳（图 3–51）。接着，己方用左掌刁住对方左腕（图 3–52）。动作不停，己方右脚前上一步，身体左转成为马步，同时，己方左手抓握住对方左腕向外旋拧，向左上回领其左臂，并用右肘向前下压对方左肩关节，使其左肩关节受制（图 3–53）。当对方向上起身抗争时，己方右肘向右顶撞对方胸部（图 3–54）。对方上体左转，同时，用右拳向己方面部击打；己方右脚后撤一步，同时，用右、左两手捧托住对方来拳之臂向右后领带（图 3–55）。接着，己方左脚带动右脚向左闯步，同时，用左肘顶击对方腹部（图 3–56），将对方顶出，使其腹部受伤（图 3–57）。

**要点：**闪身躲拳要及时，刁抓来拳之腕要牢固，旋拧领提与右肘压对方左肩要一致，下压肩有力。右肘顶胸要猛狠。捧托防拳要顺其来拳之劲，闯步与左顶肘要协调，做到步到肘至，顶肘快速、有力，力达肘尖。

图 3–51

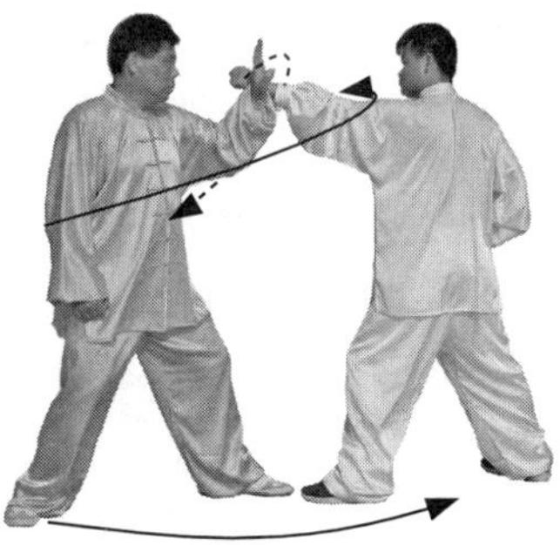

图 3–52

图 3-53

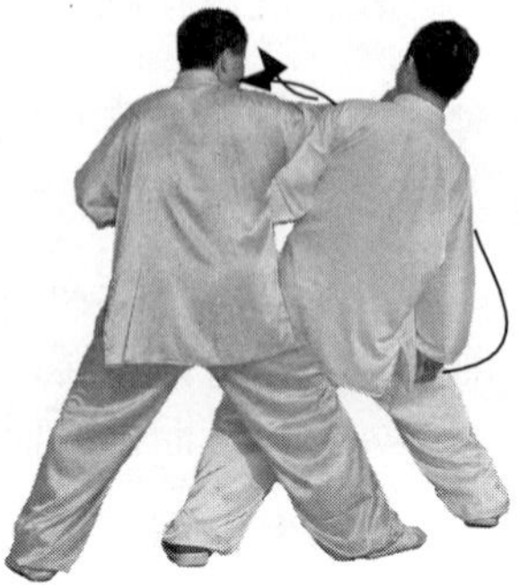

图 3-54

图 3-55

图 3-56

图 3-57

## 二、拍防领臂挂腿击背

对方右脚前上一步，成为右弓步，同时，用右拳向己方面部击打；己方左脚左前上步，闪躲开对方来拳，并用左掌向右拍对方来拳之臂，防开其来拳（图 3–58）。动作不停，己方左脚前上一步于对方右脚前，并用右手接抓住对方右腕，左手黏住对方右肘，顺其来拳之劲向右后领带其右臂（图 3–59）。接着，己方右手抓住对方右腕，外旋拧右领其臂，同时左脚向左后挂对方右腿，并用左掌向前下劈击对方后背，使对方向前倒（图 3–60）。

图 3–58

图 3–59

图 3–60

**要点：**闪身要及时，拍防要横向用力，以横破直。刁抓腕要牢固，领臂、挂腿、击背要协调一致，领臂要旋拧，挂腿要快速，击背要有力，力达左掌。

## 三、刁腕领臂格肘按肩

对方左脚前上一步，成为左弓步，同时，用左直拳向己方胸部击打；己方左脚前上一步，闪身躲过其来拳（图 3–61）。接着，己方左手向左上刁抓住对方左腕（图 3–62）。动作不停，己方左手握其腕向左后回领对方左臂，并用右臂向左横格对方左肘关节（图 3–63）。动作不停，己方左手向左上提领对方左臂，同时，右手向前下按对方左肩部，使对方左肩受伤（图 3–64）。

**要点：**闪身要及时，刁腕要牢，领臂格肘要一致，格肘横向用力，按肩与提腕要同时，提、按有力，力达两手。

图 3–61

图 3–62

图 3-63

图 3-64

## 四、闪身格防提腕斩颈

对方右脚前上一步，成为右弓步，同时，用右拳向己方胸部击打；己方左脚左前上步，偏身躲过来拳（图 3-65）。动作不停，己方上体左转，同时，屈右臂向左横格防对方来拳（图 3-66）。接着，己方右脚前上一步，同时，己方左手抓握住对方右腕，同时，用右掌向右横斩对方颈右侧部（图 3-67）。接着，己方左手握其腕向左上提领，同时，用右掌向右下斩按对方后颈，使对方颈部受伤（图 3-68）。

图 3-65

图 3-66

图 3-67

图 3-68

**要点：**闪身要及时，格肘防拳要横向用力，以横破直。左手握其右腕要牢，右掌斩劲与左手领臂要一致，斩颈要快速、准确、有力，力达右掌外缘。

## 第五节　迎封朝阳掌的实战用法

迎封朝阳掌是一种向前斜上（朝着太阳的角度）出击的掌法，是用掌迎面直击太阳穴的招法。“头为精明之府”，“五脏六腑精气”皆上升于头部。头皮是大脑的保护层，分布着许多穴位，人体十二经脉中，手、足三阳经均起经头面部，故又说“头为诸阳之会”。因此，朝阳掌不仅限于打太阳穴，头、颈各部均是击打目标。

### 一、砸肩击裆连续击喉

对方左脚前上一步，成为左弓步，同时，用左直拳向己方胸部击打；己方左脚前上步，并闪身躲开对方来拳之锋芒

(图3-69)。接着，己方左掌向左上刁抓住对方左拳腕（图3-70)。动作不停，己方右脚前上一步，身体左转，同时，左手握其腕向外旋拧并左后回领，右臂屈肘向前下砸压对方左肩关节(图3-71)。接着，对方左脚后撤一步；己方随之左脚经右脚向右后插步，同时，用右拳向对方裆部搡击（图 3-72)。对方为防裆部被击，速向后撤右步；己方右脚随之也后撤一步，身体右转，成为右弓步，同时，用左掌向对方喉部直刺（图 3-73)。动作不停，己方上体左转，成为马步，同时，左掌向左摆掌，右掌向右侧刺击对方喉部（图 3-74)。对方用左臂向左上挑开己方右掌（图 3-75)；己方上体迅速右转，右手下压对方左臂，同时，用左拳直击对方喉部，使对方喉部受伤（图 3-76)。

图 3-69

图 3-70

图 3-71

图 3-72

图 3–73

图 3–74

图 3–75

图 3–76

**要点：**闪身要及时，刁抓腕要牢固，左手边旋拧边回领对方左臂，在领臂的同时，上步，右肘砸肩，动作要协调，砸肩有力，力达肘尖。右拳搡裆与后插步要一致，撤步、转身与左掌刺喉要同时，左、右掌刺喉要连贯，刺喉要准狠。左拳击喉要快速、准确、有力，力达拳面。

## 二、刁腕领臂斩掌击颈

对方右脚前上一步，成为右弓步，同时，用右直拳向己方面部击打；己方左脚前上步，同时，用左手刁抓对方右腕（图3–77）。接着，己方左脚上步于对方右腿外侧，别绊住对方右腿，上体左转，同时，用右掌小指侧向对方颈部左侧斩击（图3–78）。动作不停，左掌向左下回领对方右臂，右掌向左下斩击对方颈左侧继续用力，使对方向右侧倒（图3–79）。

**要点：**刁腕要及时，上步要快速，绊腿要牢固，左手左下回领其臂与右掌斩颈要协调一致，同时用力，斩颈要快速、准确、有力，力达右掌小指侧外缘。

图 3–77

图 3–78

图 3–79

### 三、架挡防拳砸面刺喉

对方右脚前上一步，成为右弓步，同时，用右拳向己方面部击打；己方左脚前上一步，成为左虚步，同时，用左臂向左上架挡开对方来拳（图 3–80）。己方左脚前上半步于对方右腿外侧成弓步，别绊住对方右腿，同时，用左翻背拳向前下砸击对方面部（图 3–81）。己方上体左转，同时，用左手向左后捋带对方右臂，并用右穿掌刺击对方喉部，使对方喉部受伤（图3–82）。

图 3–80

图 3–81

图 3–82

**要点：**架挡防拳要及时，上步绊腿要牢固，左翻拳向对方面部砸击，砸拳与右掌刺喉要连贯，右掌刺喉要快速、准确、有力，力达掌尖。

## 四、挑架防拳连续刺喉

对方右脚前上一步，成为右弓步，同时，用左拳向己方胸部击打；己方左脚左前上步，偏身躲过其来拳（图 3–83）。己方右臂向右上挑架开对方左来拳（图 3–84）。接着，己方右手向右下刁抓住对方左拳向右下回领，同时，用左穿掌向对方喉部直刺（图 3–85）。动作不停，左掌下按对方左臂，腾出右掌，用右穿掌直刺对方喉部，使对方喉部受伤（图 3–86）。

图 3–83

图 3–84

图 3-85

图 3-86

**要点：**挑架防拳要及时，右手回领对方左臂与左掌刺喉要一致，两掌刺喉要连贯，刺喉要快速、准确、有力，力达掌尖。

## 第六节 左右硬开门的实战用法

左右硬开门是连还防守或左右开弓，打开对方门户挺身踏中宫直进的技法；是硬打硬防、防中打、打中防的招法。此招要做到防使对方难攻，攻使对方难守。体现出强攻强防，招法连进，左右逢源，攻防兼施。

## 一、左右挑架揽腰推胸

对方左脚前上一步，成为左弓步，同时，用左直拳向己方面部击打；己方右脚前上一步，同时，闪身躲开对方来拳之锋芒（图 3–87）。接着，己方用右臂向右上挑架开对方来拳（图 3–88）。对方见左拳击打失效，速左转身，并用右直拳向己方面部击打；己方屈左臂向左上挑架开对方来拳（图 3–89）。动作不停，己方右掌向左横拍对方右臂，同时，左拳屈臂收抱于左腰侧（图 3–90）。接着，己方左脚前上一步，于对方右腿后别绊住对方右腿成为左弓步，同时，用左臂揽抱住对方后腰，并用右掌向左下推击对方胸部，使对方后摔（图 3–91）。

**要点：**左右挑架防对方左右直拳要及时，上步别绊腿要牢固，揽腰与推胸要协调一致，揽臂向右用力，推胸向左用力，两力相合，形成力偶。揽、推要有力，力达两手。

图 3–87

图 3–88

图 3-89

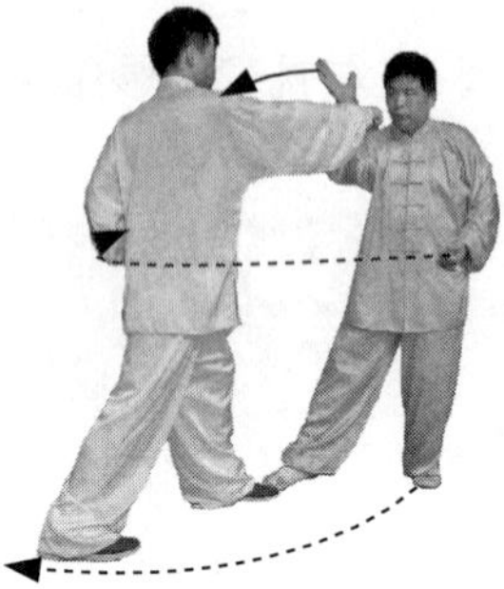

图 3-90

图 3-91

## 二、挂挡捧封击肋推腮

对方右脚前上一步，成为右弓步，同时，用左直拳向己方面部击打；己方左脚左前上步，闪躲开对方来拳，并用右臂向右后挂挡对方左来拳（图 3-92）。对方见左拳攻击失效，速用右直拳向己方面部击来；己方上体左转，速用两手向左上捧封对方击来之右拳（图 3-93）。接着，己方左掌挂住对方右臂，腾出右掌向对方右肋部横击（图 3–94）。当对方吞腰躲己方右掌时，己方上体右转，并用左掌向对方右腮部推击，使其头部受伤（图 3–95）。

**要点：**挡挂、捧封防守对方左右拳要及时。右掌击肋与左掌推肋动作要连贯、快速、猛狠，力达两手。

图 3–92

图 3–93

图 3–94

图 3–95

## 三、左右捧封击肋贯耳

对方右脚前上一步，成为右弓步，同时，用右拳向己方左耳部贯击；己方左脚前上一步，同时，用两手向左上捧封住对方右拳臂（图 3–96）。对方见右拳攻击失效，速用左推掌向己方面部推击；己方上体右转，同时，用两手向右上捧封住对方左来掌之臂（图 3–97）。己方右掌挂住对方左腕，同时，用左掌向对方左肋部横击（图 3–98）。接着，己方上体左转，同时，用右拳向对方左耳部贯击，使对方头部受伤（图 3–99）。

**要点：**左右捧封要及时，左掌击肋要迅猛，右贯拳要快速、准确、有力，力达拳面。

图 3–96

图 3–97

图 3–98

图 3–99

### 四、挂臂挑防顶肘击肋

对方右脚右上一步，成为马步，同时，用右侧冲拳向己方左肋部击打；己方左脚前上半步，成为左虚步，同时，用左臂向左下挂开对方来拳（图 3-100）。对方见右拳攻击失效，速前上左脚一步，同时，用左拳向己方面部击打；己方左脚里收半步，同时，用右臂向右上挑架开对方来拳（图 3-101）。接着，己方右手抓握住对方左腕向右上领，同时，前上左脚一步于对方裆前，身体右转，成为马步，并用左肘向对方左肋部顶击，使对方肋部受伤（图 3-102）。

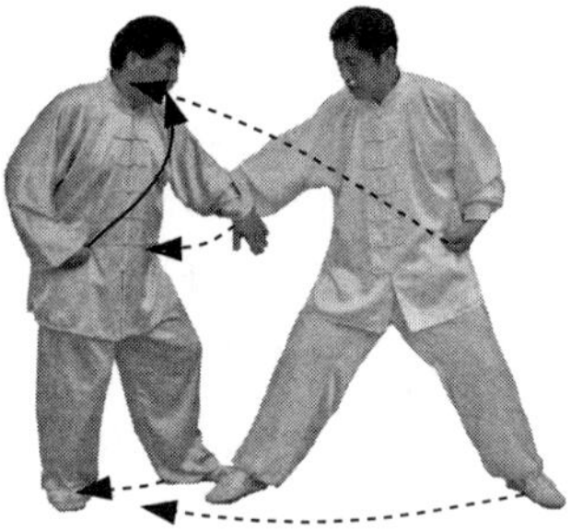

图 3-100

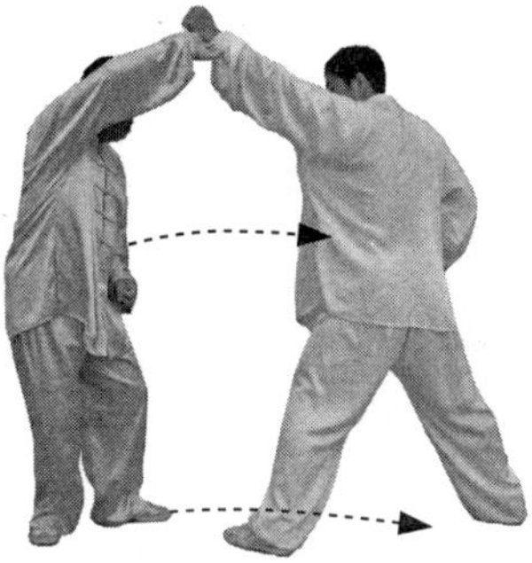

图 3-101

图 3-102

**要点：**挂臂、挑架防对方右、左两拳要及时，右上领与进步、左顶肘击对方左肋要协调一致，顶击对方左肋要迅疾、猛狠，力达左肘肘尖。

## 第七节 黄莺双抱爪的实战用法

黄莺双抱爪是两掌齐出的一种技法，此招的两掌齐出似黄莺两爪相抱而得名。两掌齐出在实战应用时常有双掌并推，有两掌相互对掐，有两掌相抱等。

### 一、挑架双托双掌推胸

对方左脚前上一步，成为左弓步，同时，用左直拳向己方胸部击打；己方左脚前上一步，成为左虚步，同时，左臂向左上挑架开对方左来拳（图 3–103）。接着，对方左脚后撤一步，左拳屈肘收抱于左腰间，同时，用右直拳向己方面部击打；己方右脚前上一步，同时，用两手向上托对方右拳腕，防开其右来拳（图 3–104）。动作不停，己方左脚前上一步，挂住对方

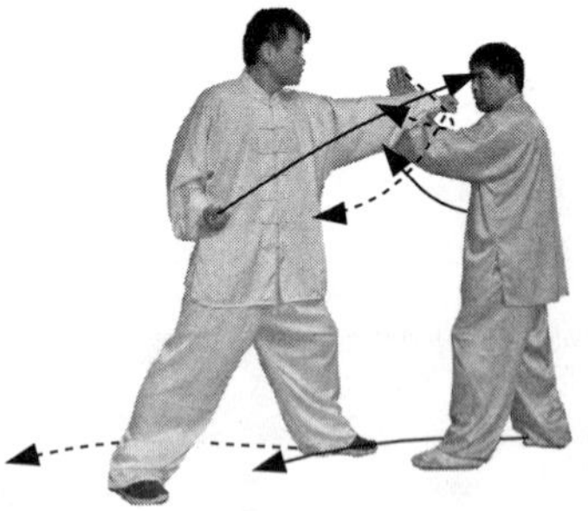

图 3–103

图 3–104

右腿，成为左弓步，同时，己方用两掌向前推击对方胸部（图3–105），使对方右脚后退步而摔倒（图3–106）。

**要点：**挑臂、双托防要及时，上步绊腿要牢，两掌齐出推击对方胸部要快速、准确、有力，力达两掌。

图 3–105

图 3–106

## 二、挑架防扳腿推胸摔

对方左脚前上一步，成为左弓步，同时，用左直拳向己方面部击打；己方左脚左前上步，成为左弓步，同时，偏身闪躲开对方来拳之锋芒（图3–107）。接着，己方用右臂向右上挑架开对方之来拳（图3–108）。接着，己方上体前倾，用右手从对方左大腿外侧向前扳住对方左大腿，左掌按住对方胸部（图3–109）。动作不停，己方右手向后上扳拉提对方左腿，同时，用左掌向前下推对方胸部，使对方向右后侧倒（图3–110）。

**要点：**闪身躲拳要及时，右臂向上挑架对方左臂要有向后带劲，控制其不能变化。抱腿要牢固，扳拉提腿与推胸动作要协调一致，相对用力，上下之力形成力偶，迫使对方后倒，扳腿、推胸有力，力达两手。

图 3–107

图 3–108

图 3–109

图 3–110

## 三、横拍防拳揽腰掐喉

对方右脚前上一步，成为右弓步，同时，用右直拳向己方胸部击打；己方左脚前上步，成为左虚步，同时，用右手向左横拍开对方来拳（图 3–111）。接着，己方左脚继续前上步于对方右腿后，别绊住对方右腿，同时，左臂从对方右肋侧向对方腰后伸去揽抱住其腰（图 3–112）。动作不停，己方用右掌虎口处卡掐对方喉颈，使对方后倒（图 3–113）。

**要点：**横拍防拳要及时，上步要快，别腿要牢，左臂揽腰要紧，右手掐喉要有力，力达右手。

图 3–111

图 3–112

图 3–113

## 四、双掌托防双掌推腹

对方右脚前上一步，成为右弓步，同时，用右直拳向己方面部击打；己方左脚前上半步，成为左虚步，同时，用两掌向上托开对方来拳（图 3–114）。对方右脚后退步；己方左脚前上一步，成为左弓步，同时用两掌向对方腹部推击（图 3–115），使对方向后摔出（图 3–116）。

**要点：**上托防拳要及时，上步与推掌击腹要协调一致，上步快速，双推有力，力达两掌。

图 3–114

图 3–115

图 3–116

## 第八节　立地通天炮的实战用法

立地通天炮是一种劲力由下向上的技法。在实战时通常运用攒拳、上插掌、上顶肘及上撞膝等，这些方法威力强大，似如炮弹，且又是由下向上或斜上击出，故而名为通天炮。此招最显著的特点就是力向由下向上，攻击威力强大。

## 一、拨防压肩顶肘击腋

对方左脚前上一步，成为左弓步，同时，用左直拳向己方胸部击打；己方左脚前上步，成为左虚步，同时，闪身躲开对方来拳之锋芒（图 3–117）。动作不停，己方用左臂向左拨开对方来拳（图 3–118）。接着，己方左手顺势抓握住对方左腕，向左后回领对方左臂，同时，己方右脚前上一步于对方裆后，并用右掌向前下推击对方右肩部，使对方前倒（图 3–119）。对方起身抗争；己方趁势屈右臂，用右肘向对方左腋下斜上顶击（图 3–120），使对方向右侧后倒地（图 3–121）。

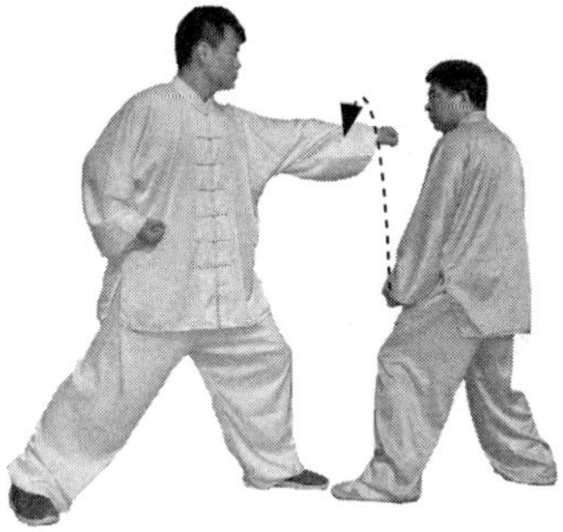

图 3–117

图 3–118

图 3–119

图 3–120

图 3-121

**要点：**闪身、拨防拳要及时，上步、领臂与推肩要协调一致，右斜上顶击对方左腋要迅疾、猛狠，劲力顺畅，力达右肘肘尖。

## 二、按掌消拳穿掌刺喉

对方右脚前上一步，成为右弓步，同时，用右直拳向己方胸部击打；己方左脚前上一步，成为左虚步，并闪身躲过其来拳锋芒（图 3-122）。接着，己方左手向下按开对方右来拳（图 3-123）。动作不停，己方用右穿掌向前上刺击对方喉部，使对方喉部受伤（图 3-124）。

图 3-122

图 3-123

图 3–124

**要点：**己方闪身躲避及左掌、按消对方右来拳要及时。穿掌刺喉要快速、准确、有力，力达右掌掌尖。

## 三、拨挡防拳领臂穿喉

对方左脚前上一步，成为左弓步，同时，左拳向己方面部击打；己方左脚前上一步，成为左弓步，同时，用左掌向左横拨挡开对方来拳（图 3–125）。接着，己方左手向左下抓握旋拧回领其臂，并用右掌向前上穿击对方喉部（图 3–126），己方左用松握对方左腕，使对方后倒喉部受伤（图 3–127）。

图 3–125

图 3-126

图 3-127

**要点：**拨防对方左拳要及时，左手回领对方左臂与右手穿击对方喉部要协调一致，穿喉要快速、准确、有力，力达掌尖。

### 四、拨挡防拳顶胸撞喉

对方右脚前上一步，成为右弓步，同时，用右拳向己方胸部击打；己方左脚前上一步，成为左虚步，同时，用左掌向左拨开对方来拳（图 3-128）。接着，己方左脚前上步于对方右腿外后侧绊住其右腿，并用左肘直顶对方胸部（图 3-129）。

接着，己方上体左转，并用右肘向前上撞击对方喉部，使对方胸部、喉部受伤（图 3–130）。

**要点：**拨防对方来拳要及时，左肘顶胸与右肘撞喉要连贯、快速、猛狠，击肘劲力要顺，力达肘尖。

图 3–128

图 3–129

图 3–130

# 第四章　三盘击打十大技法

人体分为上、中、下三盘，八极拳对上盘击打有“云、掠、点、提”，对中盘击打有“挨、戳、挤、靠”，对下盘击打有“吃根、埋根”，共十大技法。现将十大技法介绍如下。

## 第一节　云的实战用法

云是横向平击的一种掌法，势如浮云飘过，故而得名。云可攻，可防。

### 一、右掌里云防拳

对方右脚前上一步，成为右弓步，同时，用右拳向己方面部击打；己方右脚后退一步，成为左弓步，闪开对方来拳锋芒（图 4–1）。接着，己方用右掌向左横向云斩开对方之来拳（图4–2）。

**要点：**闪身要及时，右掌向左云斩对方来拳要横向用力，斩掌力达掌小指外缘。

图 4–1

图 4–2

## 二、左掌里云防拳

对方右脚前上一步，成为右弓步，同时，用右拳向己方面部击打；己方右脚后退一步，成为左弓步，闪开对方来拳锋芒（图 4–3）。接着，己方用左掌向右横向云斩开对方之来拳（图 4–4）。

**要点：**闪身要及时，左掌向右云斩对方来拳要横向用力，斩掌力达掌小指外缘。

图 4–3

图 4–4

## 三、右掌里云防拳外云斩颈

对方右脚前上一步，成为右弓步，同时，用右拳向己方面部击打；己方右脚后退一步，成为左弓步，闪开对方来拳锋芒（图 4–5）。接着，己方用右掌向左横向云斩开对方之来拳（图 4–6）。接着，己方左手抓握住对方右腕，同时，右脚前上一步，并用右云掌向右横斩对方右颈侧（图 4–7）。动作不停，己方左手抓住对方右腕向左上提，同时，用右掌向右下切按对方右颈侧，使对方向左前侧倒（图 4–8）。

图 4–5

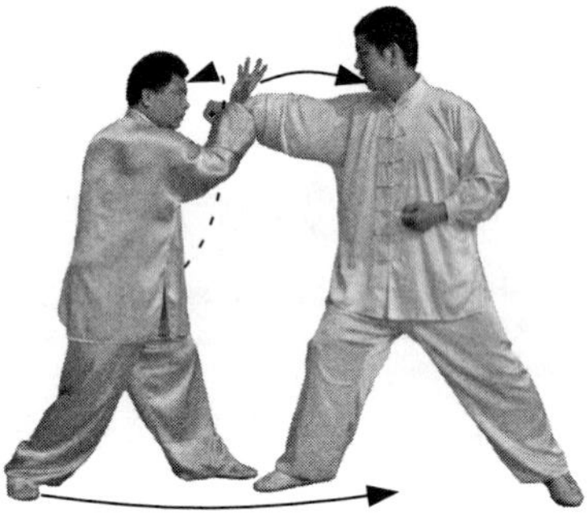

图 4–6

图 4–7

图 4–8

**要点：**闪身要及时，右掌向左云斩对方来拳要横向用力，斩掌力达掌小指外缘。右掌外斩颈要横向用力，左手左上提与右掌右下斩按动作要协调一致，同时用力，劲力顺畅，力达两手。

### 四、右掌里云防拳外云拍背

对方右脚前上一步，成为右弓步，同时，用右拳向己方面部击打；己方右脚后退一步，成为左弓步，用右掌臂向左横向云斩开对方之来拳（图 4–9）。接着，己方左手抓握住对方右腕，同时，左脚前上一步，并用右云掌向右后横云拍对方后背（图 4–10）。动作不停，己方左手抓住对方右腕向左上提前推，同时，用右掌向右后拍按对方后背，使对方向前倒（图 4–11）。

**要点：**闪身要及时，右掌向左云斩对方来拳要横向用力，斩掌力达掌前臂。右掌外云拍背要向右后用力，左手上提前推与右掌右后云拍动作要协调一致，同时用力，劲力顺畅，力达两手。

图 4–9

图 4–10

图 4-11

## 五、左右外云横臂左打摔

对方右脚前上一步，成为右弓步，同时，用右拳向己方面部击打；己方右脚后退一步，成为左弓步，闪开对方来拳锋芒（图 4-12）。接着，己方用左掌向左横向云斩开对方之来拳（图 4-13）。对方见右拳攻击失效，速用左直拳向己方面部击打；己方用右掌向右横云斩开对方来拳（图 4-14）。接着，己方左脚前上半步于对方右腿外后侧别绊住对方右腿，同时，左掌向左下按对方右臂，并用右臂向左下横打对方左腋部（图 4-15），使对方向右后侧倒（图 4-16）。

图 4-12

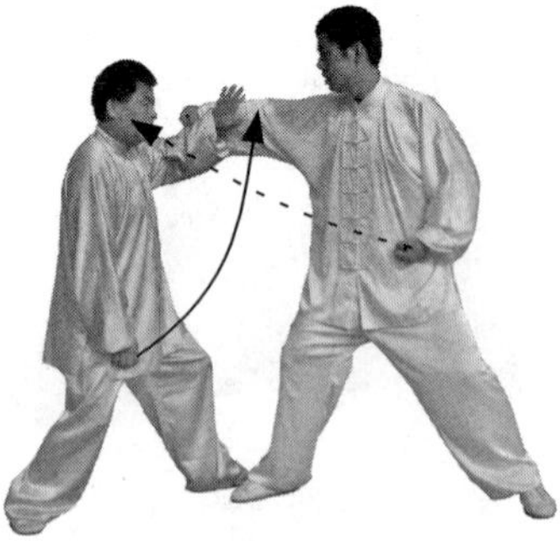

图 4-13

图 4-14

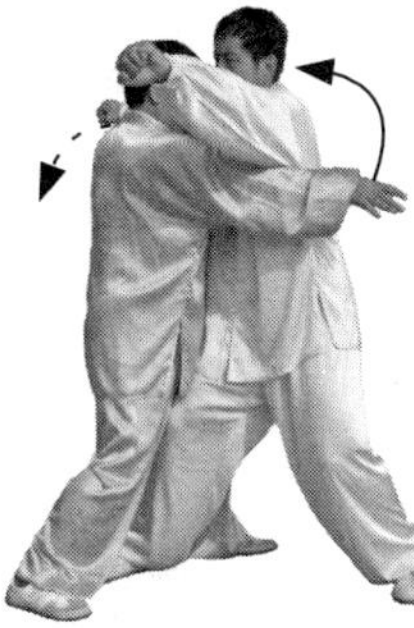

图 4-15

图 4-16

**要点：**闪身要及时，左、右掌外云斩对方来拳要横向用力，斩掌力达掌小指外缘。上步、左掌左下按与右臂左横击要协调一致，右臂横击对方左腋要迅疾、猛狠，劲力顺畅，力达右臂。

## 六、左掌外云防绊腿右掌里云斩颈

对方右脚前上一步，成为右弓步，同时，用右拳向己方面部击打；己方左脚前上步，成为左虚步，同时，用左掌外云斩开对方右拳（图 4-17）。接着，己方左脚前上步于对方右脚外后侧，挂住对方右腿，同时，左手顺势握住对方右腕向左后回领，并用右掌向左云横斩对方左颈侧（图 4–18）。右掌继续左横斩，使对方向右侧倒（图 4–19）。

**要点：**左云掌防拳要及时，上步快速，绊腿要牢固，左手左下回领对方右臂与右云掌向里横斩对方左颈侧要协调一致，斩颈要快速、准确、有力，力达右掌侧外缘。

图 4–17

图 4–18

图 4–19

## 七、右掌外云防领臂左云掌斩颈

对方右脚前上一步，成为右弓步，同时，右拳向己方胸部击打；己方右脚后撤半步，成为左虚步，并闪身躲开对方来拳之锋芒（图 4–20）。接着，己方用右掌向外云斩开对方右来拳（图 4–21）。动作不停，己方右掌顺势抓住对方右腕，向右后回领对方右臂，同时，用左掌向右横云斩击对方后颈（图 4–22），使对方前倒（图 4–23）。

**要点：**右掌外云防拳要及时，抓腕领臂与左云掌斩击对方后颈要协调一致，斩颈要快速、准确、有力，力达左掌小指侧缘。

图 4–20

图 4–21

图 4–22

图 4–23

## 八、左掌里云防绊腿左云掌斩背

对方右脚前上一步，成为右弓步，同时，用右直拳向己方胸部击打；己方右脚后退半步，成为左虚步，并用左云掌向右斩开对方右来拳（图 4–24）。动作不停，己方右手抓住对方右腕，左掌固住对方右肘部，同时，己方左脚前上一步于对方右腿前绊住对方右腿（图 4–25）。接着，己方右手握其右腕向右后回领其臂，并用左云掌向右下斩击对方后背部，使对方前倒（图 4–26）。

图 4–24

图 4–25

图 4–26

**要点：**左云掌防拳要及时，上步要快速，绊腿要牢固，右手握对方右腕回领与左云掌斩对方后背要协调一致，斩背要快速、有力，力达左掌小指外缘。

## 九、左掌里云防外云斩颈

对方左脚前上一步，成为左弓步，同时，用左拳向己方胸部击打；己方右脚后撤半步，成为左虚步，闪身躲开对方来拳之锋芒（图 4-27）。接着，己方用左云掌向右横斩开对方来拳（图 4-28）。动作不停，己方右手抓住对方左腕向右后回领，同时，用左云掌向左横斩对方后颈，使对方向右前侧倒（图 4-29）。

图 4-27

图 4-28

图 4-29

**要点**：闪身、左掌里云防拳要及时，上步、右手领臂与左外云掌斩颈要协调一致，斩颈要快速、准确、有力，力达左掌小指侧缘。

## 十、左掌外云防绊腿揽胸摔

对方左脚前上一步，同时，用左拳向己方面部击打；己方右脚稍向后撤，成为左虚步，同时，左掌外云斩开对方左拳（图 4–30）。接着，己方左脚前上半步于对方左腿后侧，绊住对方左腿，同时，左臂从对方胸前穿过（图 4–31）。动作不停，己方左臂向右下揽抱横打按，使对方后倒（图 4–32）。

图 4–30

图 4–31

图 4–32

**要点：**左外云掌防拳要及时，左上步要快速，绊腿要牢固，左臂揽抱打按对方胸部要快速、有力，力达左臂。

## 十一、左右云掌防拳斩肘按肩

对方左脚前上一步，成为左弓步，同时，用左拳向己方胸部击打；己方左脚前上半步，成为左虚步，同时，偏身闪过对方来拳之锋芒（图 4–33）。接着，己方用左云掌向外斩开对方来拳（图 4–34）。动作不停，己方上体左转，同时，用右云掌向左横斩对方左肘关节（图 4–35）。接着，己方左手握对方左腕上提，同时，用右掌向下按对方左肩，使对方左肩受伤（图 4–36）。

图 4–33

图 4–34

图 4–35

图 4–36

**要点：**闪防、左云掌外斩防要及时，左手领对方左臂与右云掌向右斩对方左臂肘关节要协调。左手上提对方左臂与右掌下压对方左肩要一致。按肩有力，力达右掌。

## 第二节　掠的实战用法

掠就是从外向里引领或向里捋带的一种技法，属于控制术。往往与其他击打技法相结合，则能产生较佳的击打效果。

### 一、右手扣腕掠带

对方右脚前上一步，成为右弓步，同时，用右拳向己方胸部击打；己方左脚左前上步闪身躲开对方来拳之锋芒（图4–37）。同时，用右手五指扣住对方右腕（图4–38）。顺对方右拳来劲向右后下掠带，使对方前跌（图4–39）。

**要点：**闪身躲拳要及时，右手五指扣腕要牢固，掠带对方右臂要有力，力达五指。

图 4–37

图 4–38

图 4-39

## 二、左掌固肘掠带

对方右脚前上一步，成为右弓步，同时，用右拳向己方胸部击打；己方左脚左前上步闪身躲开对方来拳之锋芒（图 4-40）。接着，己方左掌贴固住对方右肘（图 4-41），顺对方右拳之来劲，固其肘向右掠带对方右臂，使对方前跌（图 4-42）。

**要点：**闪身躲拳要及时，左手贴其肘要牢固，右掠带对方右臂要顺其来劲。

图 4-40

图 4-41

图 4-42

三、刁腕领臂掠腮

对方右脚前上一步，成为右弓步，同时，用右拳向己方胸部击打；己方左脚左前上步闪身躲开对方来拳之锋芒（图 4-43）。接着，己方左脚继续前上步于对方右脚外后侧，挂住对方右腿，同时，左手刁抓住对方右腕向左后回领其右臂，并用右手四指扣住对方腮部向里掠拽，使对方面部受伤且向右前倒（图 4-44）。

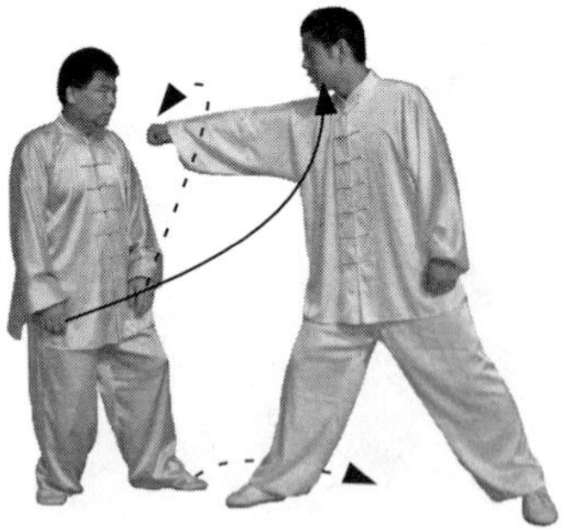

图 4-43

图 4-44

**要点：**闪身躲拳要及时。上步绊腿要牢，左手领臂与右手掠腮动作要协调一致。掠腮时，右手四指扣腮要牢固，掠腮要快速、有力，力达右手。

## 四、双手黏右臂捋掠

对方右脚前上一步，成为右弓步，同时，用右拳向己方面部击打；己方左脚左前上步闪身躲开对方来拳之锋芒（图4-45）。己方用两手黏住对方右臂向里捋掠对方右臂，使对方向前倾倒（图4-46）。

**要点：**闪身躲拳要及时。两手黏其臂要牢，向里捋掠对方右臂借对方来拳之劲，顺势捋掠。

图 4-45

图 4-46

## 五、双手黏左臂捋掠

对方左脚前上一步，成为左弓步，同时，用左拳向己方胸部击打；己方左脚左前上步闪身躲开对方来拳之锋芒（图4-47）。己方两手黏住对方左臂向里捋掠对方左臂，使对方向前倾倒（图4-48）。

**要点：**闪身躲拳要及时。两手黏其臂要牢，向里捋掠对方左臂借对方来拳之劲，顺势捋掠。

图 4–47

图 4–48

## 六、左手领臂右手扣肩胛掠拽

对方左脚前上一步，成为左弓步，同时，用左直拳向己方腹部击打；己方左脚左前上步，成为左虚步，同时，用左手接抓住对方来拳之腕向左后回领其臂（图 4–49）。接着，己方左脚前上一步于对方左脚内前侧，绊住其左腿，同时，右手五指扣在对方左肩胛缘向里掠拽，使对方向前倾倒（图 4–50）。

**要点：**左手接抓对方左腕向左后回领对方左臂，上步要快速，绊腿要牢固，右手扣住对方肩胛要牢固，向里掠拽要有力，力达右手五指。

图 4-49

图 4-50

## 七、扣腕掠臂击面

对方右脚前上一步，成为右弓步，同时，对方用右拳向己方胸部击打；己方左脚左前上步闪身躲开对方来拳之锋芒（图4-51）。接着，己方用右手扣住对方右腕并掠带对方右臂（图4-52）。动作不停，己方用左直拳向对方面部击打，使对方面部受伤（图 4–53）。

**要点：**闪身躲拳要及时。右手扣腕要牢固，回领对方右臂要顺其来拳之劲。左拳击打对方面部，要快速、准确、有力，力达左拳拳面。

图 4–51

图 4–52

图 4–53

## 八、扣腕掠臂击肋

对方右脚前上一步，成为右弓步，同时，用右拳向己方胸部击打；己方左脚左前上步，同时，用右手扣住对方右腕掠带对方右臂（图 4–54）。动作不停，己方用左直拳向对方右肋部击打，使对方肋部受伤（图 4–55）。

**要点：**闪身躲拳要及时。右手扣腕要牢固，回领对方右臂要顺其来拳之劲。左拳击打对方肋部，要快速、准确、有力，力达左拳拳面。

图 4–54

图 4–55

## 九、双手掠臂接掠腮

对方右脚前上一步，成为右弓步，同时，用右拳向己方胸部击打；己方左脚左前上步，同时，己方用两手黏住对方右臂并向里捋掠（图 4–56）。接着，己方左手固住对方后脑，同时，用右手四指扣住对方左腮部，向里掠拽，使对方头部受伤（图 4–57）。

**要点：**两手黏其臂要牢，向里捋掠对方右臂要借其来拳之劲，顺势捋掠。掠腮时，左手固对方后脑要牢固，右手扣对方左腮要牢，向里掠拽要有力，力达五指。

图 4–56

图 4–57

## 十、托肘掠臂进步靠胸摔

对方左脚前上一步，成为左弓步，同时，用左直拳向己方面部击打；己方左脚前上一步，成为左虚步，同时，用右手从对方左臂下托住对方左肘部，顺其来拳之劲向左后掠带，使对方前倾（图 4–58）。当对方回抽左臂调整身体重心时，己方右脚前上一步，于对方左腿后外侧，别绊住其左腿，己方右臂从对方胸部向右穿过，并用右臂向右后靠击对方胸部（图 4–59），使对方后摔（图 4–60）。

**要点：**托肘要及时，掠臂要顺其来拳之劲，上步快速，别绊腿要牢固，右臂靠击对方胸部要有力，力达右臂。

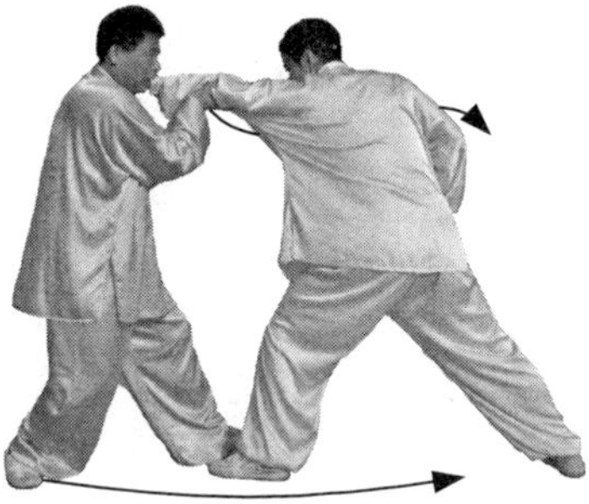

图 4–58

图 4–59

图 4–60

## 十一、托腕掠臂进身扛胸摔

对方左脚前上一步，成为左弓步，同时，用左直拳向己方面部击打；己方左脚前上一步，成为左虚步，同时，用右手从对方左臂下托住对方左腕部，顺其来拳之劲向左后掠带，使对方前倾（图 4–61）。当对方回抽左臂调整身体重心时，己方左脚前上一步，向前进身，并用左肩向前靠扛对方胸部，使对方胸部受伤（图 4–62）。

**要点：**托腕要及时，掠臂要顺其来拳之劲，上步快速，左肩靠扛对方胸部要有力，力达左肩。

图 4–61

图 4–62

## 十二、托肘掠臂进步胯撞揽胸摔

对方左脚前上一步，成为左弓步，同时，用左直拳向己方面部击打；己方左脚前上一步，成为左虚步，同时，用右手从对方左臂下托住对方左肘部，顺其来拳之劲向左后掠带，使对方前倾（图 4–63）。当对方回抽左臂调整身体重心时，己方左脚前上一步，于对方左腿外后侧，别绊住对方左腿，并用胯靠撞对方臂部（图 4–64）。接着，己方左臂从对方胸前向前穿过，用左臂揽住对方胸部，向右前下揽按，使对方向后摔（图 4–65）。

**要点：** 托肘要及时，掠臂要顺其来拳之劲，上步快速，别绊腿要牢固，左胯靠撞对方要迅猛，右臂揽对方胸部向下揽按要有力，力达左臂。

图 4–63

图 4–64

图 4–65

## 十三、领臂掠颈右拳砸面

对方右脚前上一步，成为右弓步，同时，用右拳向己方腹部击打；己方左脚左前上步，成为左虚步，同时，用右手接抓住对方右腕向右后回领（图 4–66）。接着，己方左手向前扳住对方后右颈部（图 4–67），向回掠对方后颈，使对方向前倾（图 4–68）。当对方后挣右臂时，己方借对方后抽臂之劲，向前用右翻背拳向对方右面部砸击（图 4–69）。

**要点：**接抓对方右腕要及时，掠颈要快速有力。右拳砸击对方面部要快速、准确、有力，力达右拳拳背。

图 4–66

图 4–67

图 4–68

图 4–69

## 十四、抓腕捋颈双推臂

对方右脚前上一步成为右弓步，同时，用右拳向己方腹部击打；己方左脚左前上步，成为左虚步，同时，用右手接抓住对方右腕向右后回领（图 4–70）。接着，己方左手向前扳住对方后右颈部（图 4–71），向回掠对方后颈，使对方向前倾（图 4–72）。当对方向后回挣时，己方顺其劲用两手向前推右臂肩，使对方侧倒（图 4–73）。

**要点：**接抓对方右腕要及时，掠颈要快速有力。前推对方右肩臂时，要借对方回抽臂之劲，前推要有力，力达两手。

图 4–70

图 4–71

图 4–72

图 4–73

## 十五、抓踝掠腿摔跪膝

对方左腿支撑身体，同时，用右腿向己方腹部蹬击；己方左脚左前上步，成为马步，同时，用两手接抓住对方来腿踝部（图 4–74），顺其来劲向右后掠拉对方右腿（图 4–75），使对方劈腿跌地（图 4–76）。接着，己方用左膝下跪对方膝关节，使对方膝部受伤（图 4–77）。

**要点：**接抓对方踝部要及时，向后掠拉对方右腿要借对方蹬腿之劲，跪膝要反其膝关节，下跪要准确、猛狠。

图 4–74

图 4–75

图 4–76

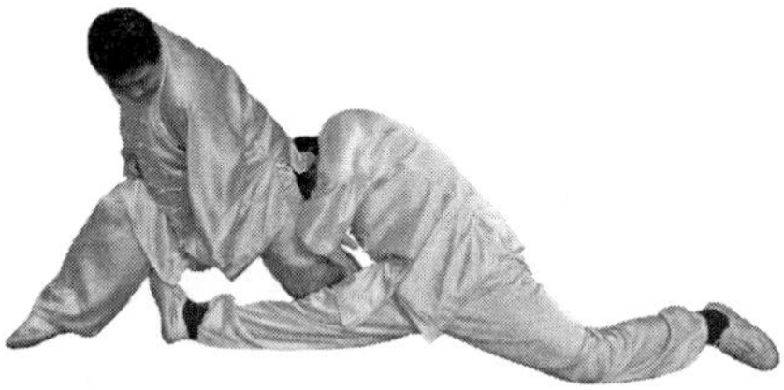

图 4–77

## 十六、抄托掠腿右肘砸臂

对方右脚支撑身体，同时，用左脚向己方腹部蹬击；己方右脚右前上步，向右偏身躲过对方来腿（图 4–78）。接着，己方用右手向上抄托住对方左腿（图 4–79）。借对方左腿之蹬劲，顺劲向左掠对方左腿（图 4–80），使对方劈腿跌地；己方用右肘向对方后背砸击，使对方后背受伤（图 4–81）。

**要点：**闪身躲腿要及时，抄托腿要牢固，掠对方左腿借对方蹬腿之劲，顺劲掠之，掠腿要快速、有力，力达右手。

图 4-78

图 4-79

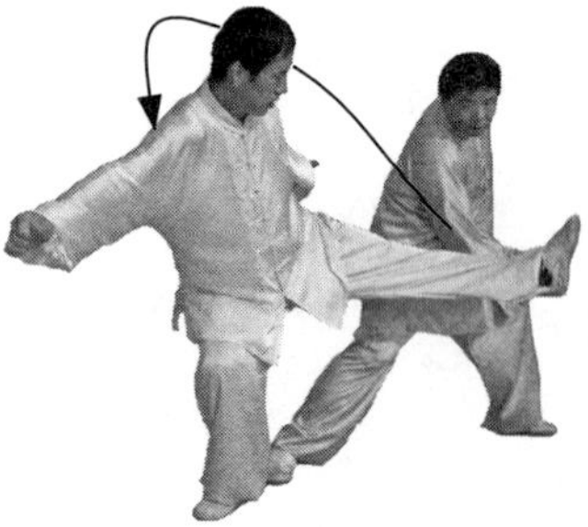

图 4-80

图 4-81

## 第三节　点的实战用法

点是运用掌尖或指尖或指关节顶或拳短快啄击对方穴位或薄弱部位的一种技法。

**一、搂按防右掌点太阳穴**

对方右脚前上一步，成为右弓步，同时，用右拳向己方胸

部击打；己方左脚左前上步，闪身躲开对方来拳之锋芒（图4-82）。接着，己方用左手搂按对方右拳腕，防开对方右拳（图4-83）。动作不停，己方用右掌掌尖向对方右太阳穴点击，使对方太阳穴受伤（图4-84）。

**要点：** 闪身、搂按防拳要及时；右掌掌尖点击对方右太阳穴要快速、准确、有力，力达掌尖。

图 4-82

图 4-83

图 4-84

## 二、按防领臂双指点天突穴

对方右脚前上一步，成为右弓步，同时，用右拳向己方胸部击打；己方左脚前上一步，成为左虚步，同时，用左手向前下按消对方来拳（图 4–85）。接着，己方用左手抓住对方右腕，向左后回领对方右臂，同时，己方用右手食中两指尖顶点击对方喉部，使对方喉部受伤（图 4–86）。

**要点：**按消对方来拳要及时，抓腕回领对方右臂与右手食中两指点击对方喉部要协调一致，右手食中两指点击对方喉部要快速、准确、有力，力达右手食中两指尖端。

图 4–85

图 4–86

## 三、搂防领臂右拳点击耳门穴

对方左脚前上一步，成为左弓步，同时，用左直拳向己方胸部击打；己方左脚左前上步，闪身躲开对方左拳锋芒（图 4–87）。接着，己方用左拳向左搂开对方左拳（图 4–88）。动作不停，己方左手顺势接抓住对方左腕，向左后回领对方左臂，同时，用右拳向对方左耳门穴点击，使对方左耳门受伤（图4–89）。

**要点：** 搂手防拳要及时，左手抓对方左腕回领其臂与右拳点击对方左耳门穴动作要协调一致，右拳点击对方左耳门穴要快速、准确、有力，力达右拳。

图 4-87

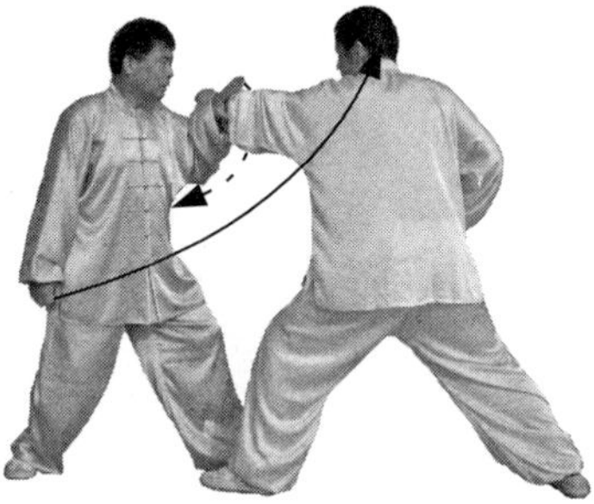

图 4-88

图 4-89

## 四、搂防领腕右拳点击京门穴

对方左脚前上一步，成为左弓步，同时，用左直拳向己方胸部击打；己方左脚左前上步，闪身躲开对方左拳锋芒（图 4-90）。接着，己方用左拳向左搂开对方左拳（图 4-91）。动作不停，己方左手顺势接抓住对方左腕，向左后回领对方左臂，同时，用右直拳点击对方左京门穴，使对方京门穴受伤（图 4–92）。

**要点：**搂手防拳要及时，左手抓对方左腕回领其臂与右拳点击对方左京门穴动作要协调一致，右拳点击对方左京门穴要快速、准确、有力，力达右拳。

图 4–90

图 4–91

图 4–92

### 五、搂防领臂右掌点击中脘穴

对方右脚前上一步，成为右弓步，同时，用右直拳向己方胸部击打；己方左脚左前上步，闪身躲开对方右拳锋芒（图 4–93）。接着，己方用左手向左搂开对方右拳（图 4–94）。动作不停，己方左手顺势接抓住对方右腕，向左后回领对方右臂，同时，用右拳点击对方中脘穴，使对方中脘穴受伤（图4–95）。

**要点：**搂手防拳要及时，左手抓对方右腕回领其臂与右拳点击对方中脘穴动作要协调一致，右拳点击对方中脘穴要快速、准确、有力，力达右拳。

图 4–93

图 4–94

图 4–95

## 六、拨防抓腕领臂点击天宗穴

对方左脚前上一步，成为左弓步，同时，用左直拳向己方胸部击打；己方左脚左前上步，偏身闪躲开对方来拳之锋芒

（图 4–96）。接着，己方用左掌向外拨防开对方来拳（图 4–97）。动作不停，己方左手抓住对方左腕处旋拧并向左后回领其臂（图 4–98）。接着，己方用右掌尖，点击对方左天宗穴，使对方天宗穴受伤（图 4–99）。

**要点：**闪身防拳要及时，抓腕领臂与右掌点击对方左天宗穴要协调一致，右掌点击对方天宗穴要快速、准确、有力，力达右掌尖端。

图 4–96

图 4–97

图 4–98

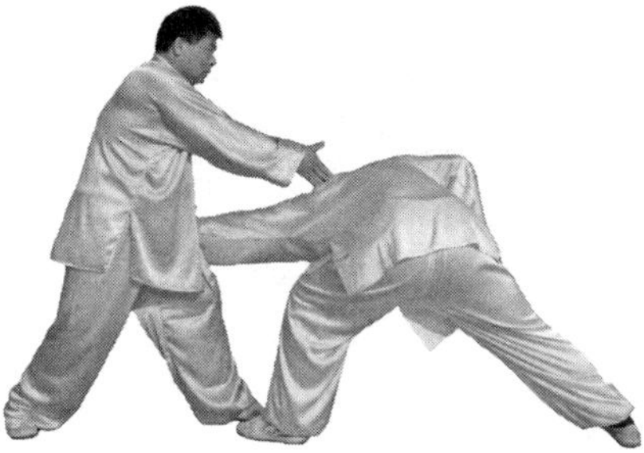

图 4-99

## 七、架防领臂右掌点击天突穴

对方右脚前上一步，成为右弓步，同时，用右直拳向己方胸部击打；己方左脚左前上步，闪身躲开对方右拳锋芒（图4-100）。接着，己方用左拳向左架挡开对方右拳（图 4-101）。动作不停，己方左手顺势接抓住对方右腕，向左后回领对方右臂，同时，用右掌点击对方天突穴，使对方天突穴受伤（图4-102）。

**要点：**架挡防拳要及时，左手抓对方右腕回领其臂与右掌点击对方天突穴动作要协调一致，右掌点击对方天突穴要快速、准确、有力，力达右掌掌尖。

图 4-100

图 4-101

图 4-102

## 八、架防领臂左掌穿击点喉

对方右脚前上一步，成为右弓步，同时，用右直拳向己方胸部击打；己方左脚左前上步，闪身躲开对方右拳锋芒（图 4-103）。接着，己方用左拳向左架挡开对方右拳（图 4-104）。动作不停，己方右掌右摆，同时，左掌左穿，用左掌点击对方喉部，使对方喉部受伤（图 4-105）。

**要点：**架挡防拳要及时，左掌点击对方喉部要快速、准确、有力，力达左掌。

图 4-103

图 4-104

图 4–105

## 九、架防翻拳点击耳门穴

对方左脚前上一步，成为左弓步，同时，用左拳向己方胸部击打；己方右脚前上一步，闪身躲开对方来拳之锋芒，并用右臂向右架挡防开对方左拳（图 4–106）。接着，己方右脚继续进步于对方左腿外后侧，并用右翻臂拳向对方左耳门穴点击，使对方耳门穴受伤（图 4–107）。

**要点：**闪身、架挡防对方来拳要及时，进身、翻拳点击对方左耳门穴动作要协调一致，点穴要快速、准确、有力，力达右拳拳背。

图 4–106

图 4–107

## 十、架挡防左掌点喉

对方左脚前上一步，成为左弓步，同时，用左拳向己方胸部击打；己方右脚前上一步，闪身躲开对方来拳之锋芒，并用右臂向右架挡防开对方左拳（图 4–108）。接着，己方右脚继续进步于对方左腿外后侧，并用左掌向前穿掌点击对方喉部，使对方喉部受伤（图 4–109）。

**要点：**闪身、架挡防对方来拳要及时，进身要快，左穿掌点击对方喉部要快速、准确、有力，力达左掌掌尖。

图 4–108

图 4–109

## 十一、架挡防右拳点击中脘穴

对方左脚前上一步，成为左弓步，同时，用左拳向己方胸部击打；己方右脚前上一步，闪身躲开对方来拳之锋芒，并用右臂向右架挡防开对方左拳（图 4–110）。接着，己方右脚继续进步于对方左腿外后侧，并用右侧冲拳向对方中脘穴点击，使对方中脘穴受伤（图 4–111）。

**要点：**闪身、架挡防对方来拳要及时，进身要快，右拳点击对方中脘穴要快速、准确、有力，力达右拳。

图 4–110

图 4–111

## 十二、架防领臂右拳点击下颏部

对方右脚前上一步，成为右弓步，同时，用右直拳向己方胸部击打；己方左脚左前上步，闪身躲开对方右拳锋芒（图 4–112）。接着，己方用左臂向左架挡开对方右拳（图 4–113）。动作不停，己方右拳向前上攒，用右拳点击对方下颏部，使对方下颏部受伤（图 4–114）。

**要点：**架挡防拳要及时，右拳点击对方下颏部要快速、准确、有力，力达右拳。

图 4–112

图 4–113

图 4–114

## 十三、抓腕领臂右拳点击右乳中穴

对方右脚前上一步，成为右弓步，同时，用右拳向己方胸部击打；己方左脚左前上步，闪身躲开对方来拳之锋芒（图 4–115）。接着，己方用左手接抓住对方右拳腕，防开对方右拳（图 4–116）。动作不停，己方用右拳向对方右乳中穴点击，使对方乳中穴受伤（图 4–117）。

**要点：** 闪身、接抓防拳要及时；左手抓腕回领对方右臂与右拳点击对方乳中穴要协调一致。右拳点击对方右乳中穴要快速、准确、有力，力达右拳。

图 4–115

图 4–116

图 4–117

## 第四节　提的实战用法

提是由下向上的劲力，是一种向上拿、打、顶、撞的技法。在八极拳实战应用里通常有提腕领臂、提膝向上顶撞等招法。

### 一、挑架防领臂扳颈提膝撞胸

对方右脚前上一步，成为右弓步，同时，用右直拳向己方胸部击打；己方左脚左前上步，闪身躲开对方右拳锋芒（图 4–118）。接着，己方用左臂向左架挡开对方右拳（图 4–119）。动作不停，己方左手抓握住对方右腕向左回领其臂，同时，左腿支撑身体，并用右手扳住对方后颈向右后下扳按（图 4–120）。接着，己方提右膝向上顶撞对方胸部，使对方胸部受伤（图 4–121）。

**要点：** 架挡防拳要及时，左手抓腕向左回领对方右臂与右手扳搂对方后颈要一致，左腿支撑要稳，右手扳按对方后颈与右膝上撞要协调，右膝上撞要猛狠，劲力顺畅，力达右膝。

图 4-118

图 4-119

图 4-120

图 4-121

## 二、抓腕领臂右拳击胸提膝踩膝

对方右脚前上一步，成为右弓步，同时，用右拳向己方胸部击打；己方左脚左前上步，闪身躲开对方来拳之锋芒（图 4-122）。接着，己方用左手接抓住对方右拳腕，防开对方右拳（图 4-123）。动作不停，左腿支撑身体，同时，用右拳击打对方胸部，并提右腿，用右脚向对方右膝关节踩击，使对方胸部、膝部受伤（图 4-124）。

**要点：**闪身、接抓防拳要及时；左手抓腕回领对方右臂与右拳击胸和右脚踩击对方右膝关节要协调一致，踩对方右膝关节要反其关节，击胸要快速、准确、有力，力达右拳。

图 4-122

图 4-123

图 4-124

## 三、接抓腕领臂提臂挎肘

对方左脚前上一步，成为左弓步，同时，用左拳向己方胸部击打；己方左脚前上步，成为左虚步，同时，用左臂向左上挑架防住对方左来拳（图 4-125）。接着，己方左手顺势抓住对方左腕向左回领对方左臂，同时，右臂从对方左臂下左穿向上提、挎对方左肘，并用左手下压对方左腕，使对方左肘受伤

(图 4–126)。

**要点：**接抓腕防拳要及时，领臂与挎肘要同时，挎肘要反关节，挎肘有力，力达右臂。

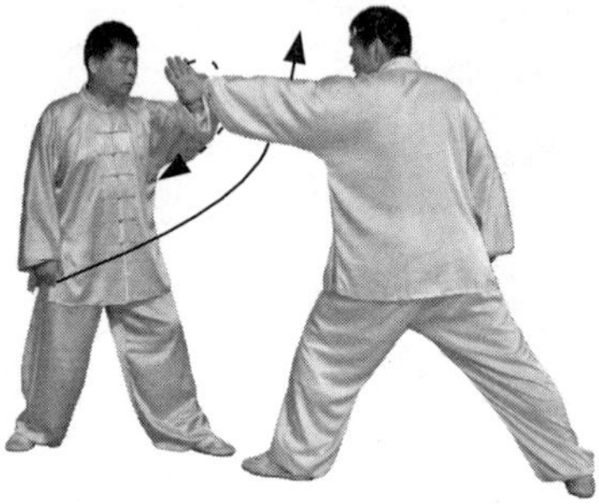

图 4–125

图 4–126

## 四、挑挡防别胸提膝撞背

对方左脚前上一步，成为左弓步，同时，用左拳向己方面部击打；己方左脚前上步，成为左虚步，同时，用左掌向左上挑架开对方来拳（图 4–127）。接着，己方左手顺势抓握对方左臂向左旋拧并回领，右臂从对方左腋下过胸穿过，向右后别胸，左腿支撑身体，右腿准备上提（图 4–128）。动作不停，己方提

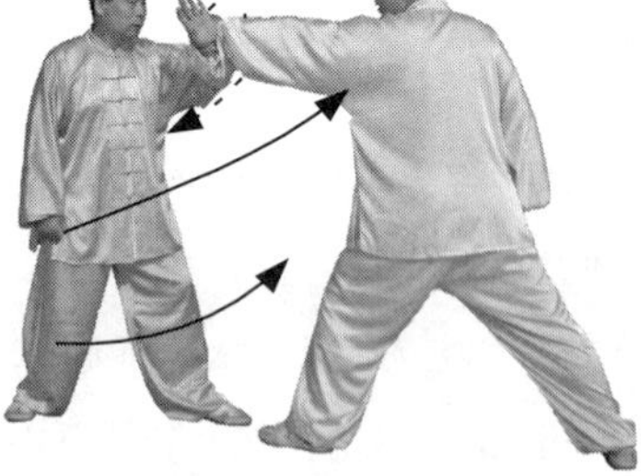

图 4–127

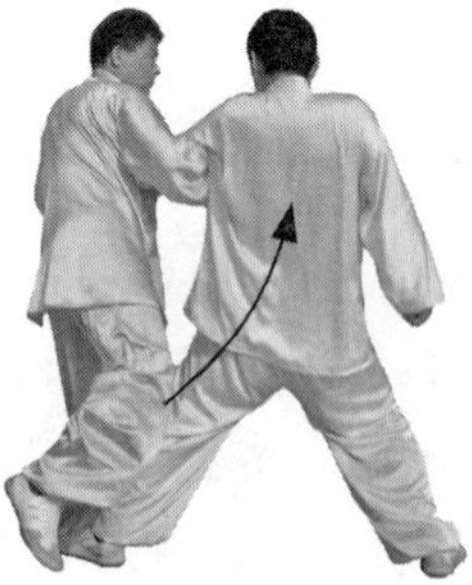

图 4–128

右膝向对方后背顶撞，使对方背部受伤（图 4–129）。

**要点：**左掌左上拨防对方左拳要及时，抓握领臂与右臂别胸及右膝顶撞对方后背要一致，顶撞对方后背要迅疾、猛狠。

图 4–129

## 五、闪防扳腕屈臂提挎肘

对方左脚前上一步，成为左弓步，同时，用左直拳向己方胸部击打；己方左脚前上一步，成为左虚步，同时，用右手拨开对方来拳（图 4–130）。接着，己方右手外旋拧并向右回领对方左臂，同时，左臂从对方左上臂下前伸（图 4–131）。动作不停，屈左臂向上提挎对方左肘关节，并向前推扳腕以加大

图 4–130

图 4–131

对对方挎肘的力度，使对方肘部受伤（图 4–132）。

**要点：**闪身防对方左拳要及时，抓腕要牢，挎提肘与领臂扳腕要协调一致，挎肘要反其关节，提挎肘要有力，力达左臂。

图 4–132

## 六、闪防挎肘提臂顶肋

对方左脚前上一步，成为左弓步，同时，用左直拳向己方胸部击打；己方左脚前上一步，成为左虚步，同时，用右手拨开对方来拳（图 4–133）。接着，己方右手外旋拧并向右回领对方左臂，同时，左臂从对方左上臂下前伸，屈臂向上提挎对方左肘关节，并向前推扳腕以加大对对方挎肘的力度（图 4–134）。接着，己方右手握住对方左腕向右上提领对方左臂，同时，用左肘顶击对方左肋部，使对方左肋受伤（图 4–135）。

**要点：**闪身防对方左拳要及时，抓腕要牢，挎提肘与领臂扳腕要协调一致，挎肘要反其关节，提挎肘要有力。右手向右上提领对方左臂与左顶肘要协调一致，顶肋要迅疾、猛狠，劲力顺畅，力达左肘。

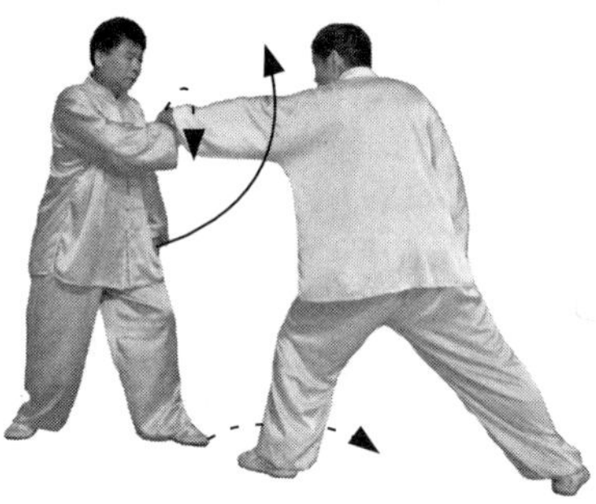

图 4–133

图 4–134

图 4–135

## 七、刁腕领臂扒背提膝撞胸

对方左脚前上一步，成为左弓步，同时，用左拳向己方腹部击打；己方左脚左前上步，成为左虚步，同时，用右手刁抓住对方右腕，向右后回领对方左臂（图 4–136）。接着，己方两臂从对方右侧向外扒住对方后背（图 4–137）。动作不停，己方两手扒住对方后背回扳，同时，左腿支撑身体，提右膝向前上顶撞对方胸部，使对方胸部受伤（图 4–138）。

**要点：**抓腕领臂防拳要及时，双手回扒对方后背与右膝顶撞对方胸部要协调一致，撞胸要迅疾、猛狠，劲力顺畅，力达右膝。

图 4–136

图 4–137

图 4–138

## 八、架挡防提右脚踩膝

对方右脚前上一步，成为右弓步，同时，用右直拳向己方胸部击打；己方左脚左前上步，闪身躲开对方来拳之锋芒（图4–139）。接着，己方用左臂向左上架挡开对方来拳（图4–140）。接着，己方左腿支撑身体，同时，己方用右脚向对方右膝关节外侧踹击，使对方右膝搓伤（图 4–141）。

**要点：**闪身、架挡来拳要及时，支撑腿要稳，右腿踩击对方右膝关节要快速、准确、有力，力达右脚。

图 4–139

图 4–140

图 4–141

## 九、提臂绊腿顶腹靠胸

对方右脚前上一步，成为马步，同时，用右侧冲拳向己方胸部击打；己方左脚前上一步，成为左虚步，同时，吞身闪躲开对方来拳（图 4–142）。接着，己方左脚继续前上步于对方右腿外后侧，别绊住对方右腿，同时，用右手抓握住对方来拳之腕，右上提领对方右臂（图 4–143）。动作不停，己方用左肘向对方腹部顶击（图 4–144）。接着，己方左臂向左后横击对方胸部，使对方后倒（图 4–145）。

**要点：**闪身防拳要及时，领臂上提对方右臂与左肘顶击对方腹部要一致。绊腿要牢。绊腿与左臂横向击胸要协调一致，击胸要有力，力达左臂。

图 4–142

图 4–143

图 4–144

图 4–145

## 十、接腿上提砸膝击腹攒颏

对方左腿支撑身体，同时，用右腿向己方胸部蹬击；己方用右手接抓住对方来腿上提（图 4–146）。同时，屈左臂向下砸击对方右膝关节（图 4–147）。接着，己方左拳臂右摆（图 4–148）。动作不停，用左臂向左后横击对方腹部（图 4–149）。接上动作，己方用右攒拳向上击打对方下颏，使对方颏部受伤

（图 4–150）。

**要点：**接腿上提要及时，左肘砸对方右膝关节要反其关节，下砸有力。下砸膝与左臂横击对方腹部要连贯。右拳攒击对方颏部要突然、快速、准确、有力，力达右拳。

图 4–146

图 4–147

图 4–148

图 4–149

图 4–150

# 第五节　挨的实战用法

挨是一种贴靠对方的技击技法，属于短打之法。通常用于擒拿和摔法之中，是八极拳的常用方法。

## 一、挨胸扳肘

对方右脚前上一步，成为右弓步，同时，用右拳向己方胸部击打；己方左脚前上一步，成为左弓步，并闪身躲开对方来拳之锋芒（图 4–151）。己方左脚继续前上步，左胸向前挨，两手扒住对方右肘关节（图 4–152），向里、向下扳拉，使对方右肘、肩关节受伤而不能动弹（图 4–153）。

图 4–151

图 4–152

图 4–153

**要点：**闪身躲拳要及时，扳肘挨胸要一致，挨胸向前，扳肘向里，同时用力，劲力顺畅，力达两手及左胸部。

## 二、领臂挨肘

对方右脚前上一步，成为右弓步，同时，用右拳向己方胸部击打；己方左脚左前上一步，闪开对方右拳锋芒，并用右手向外拨开对方来拳（图 4–154）。接着，己方右手顺势抓握住对方右腕向右后回领对方右臂（图 4–155）。动作不停，左脚左上一步，同时，身体右转，并用左臂向右前挨靠对方右肘关节，使对方右肘关节受伤（图 4–156）。

**要点：**闪身要及时，抓腕领臂、转身与左臂挨靠对方右肘要一致，挨靠肘要反其关节，挨靠要有力，力达左臂。

图 4–154

图 4–155

图 4–156

## 三、领臂肩挨靠背左横臂击胸

对方右脚右侧上步，同时，用右侧冲拳向己方左胸部击打；己方左脚左前上步，闪身躲开对方来拳之锋芒（图 4–157）。接着，己方左脚继续前上步于对方右腿外后内方，右手抓握住对方右腕向右后回领对方右臂，同时，上体右转，并用左肩挨靠对方右后背（图 4–158）。动作不停，己方用左臂向左后横击对方胸部，使对方后摔（图 4–159）。

**要点：**闪身要及时，抓腕领臂、转身与左肩挨靠对方右后背要协调一致。左臂向左后横击对方胸部要有力，力达左臂。

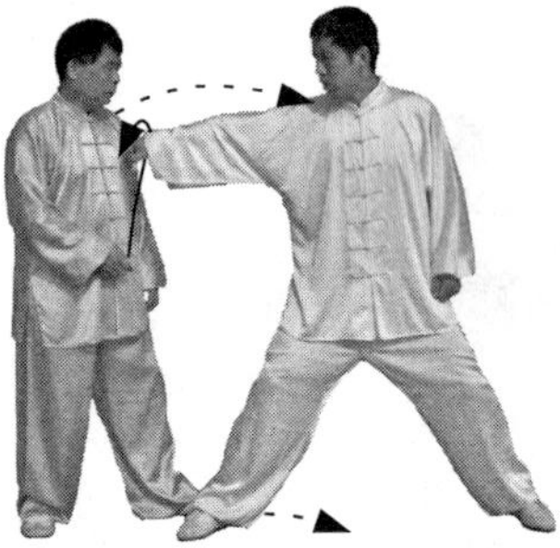

图 4–157

图 4–158

图 4–159

## 四、拨防挨胯揽背摔

对方右脚右侧上步，同时，用右侧冲拳向己方左胸部击打；己方左脚左前上步，闪身躲开对方来拳之锋芒（图 4–160）。接着，己方用左掌向外拨开对方来拳（图 4–161）。动作不停，己方左脚前上一步于对方裆前，同时用左胯挨靠住对方右腹部，左臂揽住对方后背（图 4–162）。接着，己方上体右转，同时，左臂揽住对方后背向右前下揽按（图 4–163）。

**要点：**闪身、拨防要及时，上步要快速，左胯挨靠对方腹部、转身与左臂揽按对方后背要协调一致。揽按有力，力达左臂。

图 4–160

图 4–161

图 4–162

图 4–163

## 五、抓腕领臂调步扛臂挨臀顶摔

对方右脚右侧上步，同时，用右侧冲拳向己方左胸部击打；己方左脚左前上步，闪身躲开对方来拳之锋芒（图 4–164）。接着，己方用右手接抓住对方右腕（图 4–165）。动作不停，己方向右上领对方右臂，左脚向前一步于对方裆前，右腿后调步，同时身体右后转，并用左肩扛住对方右上臂（图4–166）。接着，己方用两手抓住对方腕臂向前下领拉，并用臀部向后上挨顶摔击对方，使对方过身而摔（图 4–167）。

图 4–164

图 4–165

图 4–166

图 4–167

**要点：**闪身躲拳要及时，调步转身要快速，扛臂要牢，两手拉领与臀部向后上挨顶要一致，拉臂要有力，后挨顶要突然、快猛。

## 六、领臂挨肩手别摔

对方右脚前上一步，成为右弓步，同时，用左拳向己方胸部击打（图 4–168）；己方左脚前上一步，成为左虚步，同时，用两手接抓住对方左来拳，顺对方来拳之劲向右后回领对方左臂（图 4–169）。己方左脚前上一步于对方裆前，上体右转，并用左肩挨住对方左肩内侧（图 4–170）。接着，左臂向左后贴紧对方左胯部，别住对方左胯（图 4–171）。动作不停，己方身体继续右转，右手继续向右引领对方左臂，左手向左后别对方左胯，同时，左肩向右前下挨压对方左肩及上臂，使对方向前倒摔（图 4–172）。

图 4–168

图 4–169

图 4–170

图 4–171

图 4–172

**要点：**接抓对方左腕要及时，调步转身要快速，领臂、转身、挨肩压臂与左手别胯要协调一致，挨别要有力，力达左臂及左肩。

## 七、领臂转身挨靠摔

对方左脚前上一步，成为左弓步，同时，用左直拳向己方胸部击打；己方左脚左前上步，偏身闪躲开对方来拳之锋芒(图 4–173)。接着，己方用左掌向外拨防开对方来拳（图 4–174)。动作不停，己方右脚前上一步于对方裆前，身体左转，同时，用右手托住对方左上臂（图 4–175)。动作不停，右脚前上一步，左脚左后调步，身体继续左转，并用右肩挨靠住对方左上臂及肩部（图 4–176)。接着，己方左手继续向左后领拉对方左臂，右肩继续向前下挨靠对方左上臂，使对方前倒(图 4–177)。

图 4–173

图 4–174

图 4-175

图 4-176

图 4-177

**要点：**闪身防拳要及时，抓腕领臂、调步转身与右肩挨靠对方左上臂要协调一致，挨靠臂与拉领臂要有力，力达两手及右肩。

## 八、闪进肩挨靠按背提裆

对方左脚前上一步，成为左弓步，同时，用左拳向己方面部击打；己方左脚前上步向右偏身闪开对方左拳（图 4-178）。左脚不停，继续前上一步于对方裆前，并向前进身用左肩挨靠对方左背部（图 4-179）。接着，己方左掌左下按对方后背，右手上提对方后裆（图 4–180），使对方向前下倒地（图 4–181）。

**要点：**闪进身要快速，左肩挨靠对方左背要猛狠，左手按背与右手提对方后裆要一致，同时用力，力达两手。

图 4–178

图 4–179

图 4–180

图 4–181

## 九、横拍防绊腿挨胯揽胸摔

对方左脚前上一步，成为左弓步，同时，用左拳向己方面部击打；己方左脚前上步向右偏身闪开对方左拳（图 4–182）。动作不停，己方用右手向左横拍开对方之来拳（图 4–183）。接着，己方左脚前上一步于对方后裆前绊住对方左腿，左臂从对方胸前穿过揽抱住对方胸部（图 4–184）。动作不停，己方左臂向右前下揽按对方胸部（图 4–185），使对方向后摔倒（图 4–186）。

图 4–182

图 4–183

图 4–184

图 4–185

图 4–186

**要点：**闪身、左横拍防拳要及时，上步要快速，左胯挨靠对方左胯要贴紧，绊腿要牢固，左臂揽抱按对方胸要有力，力达左臂。

## 第六节　戳的实战用法

戳是用掌尖或脚尖向对方薄弱部位进行穿插或戳击的一种技击技法，是八极拳技击的常用方法。

### 一、挑架防拳右掌戳喉

对方右脚前上一步，成为右弓步，同时，用右直拳向己方胸部击打；己方左脚左前上步，闪身躲开对方来拳之锋芒（图 4–187）。接着，己方用左臂向左上架挡开对方来拳（图 4–188）。接着，己方左手外旋抓领对方右臂，同时，用右穿掌向对方喉部戳击（图 4–189）。

**要点：**闪身、架挡来拳要及时，左手旋拧领臂与右穿掌向前戳击对方喉部要协调一致。右掌戳击对方喉部要快速、准确、有力，力达右掌掌尖。

图 4–187

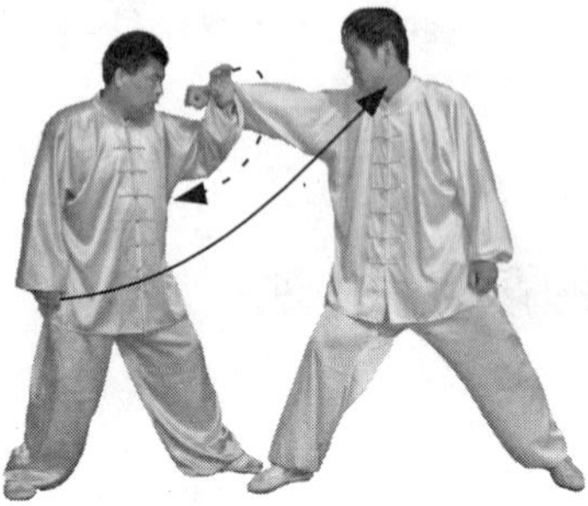

图 4-188

图 4-189

## 二、抓腕领臂左侧掌戳肋

对方右脚前上一步，成为右弓步，同时，用左拳向己方胸部击打（图 4-190）；己方左脚前上一步，成为左虚步，同时，用两手接抓住对方左来拳，顺对方来拳之劲向右后回领对方左臂（图 4-191）。左脚左上一步于对方右脚外后侧，绊住对方右脚，同时，用左侧掌戳击对方右肋部，使对方肋部受伤（图 4-192）。

图 4-190

图 4-191

图 4-192

**要点：**两手接抓对方来拳要及时，左脚左上步要快速，左脚绊扣对方右脚要牢固，左掌戳击对方右肋部要快速、准确、有力，力达左掌掌指尖。

## 三、横推防右插掌戳肋

对方右脚前上一步，成为右弓步，同时，用右拳向己方胸部击打（图 4-193）；己方左脚左前上一步，成为左虚步，同时，用左手向右横拍开对方右来拳（图 4-194）。接着，己方用右插掌向对方右肋部戳击，使对方肋部受伤（图 4-195）。

**要点：**左手右横拍防对方来拳要及时，横向拍推，以横破直。同时，用右掌向对方右肋部插戳，要快速、准确、有力，力达右掌掌指尖。

图 4–193

图 4–194

图 4–195

## 四、双手抓腕左插掌戳颈

对方右脚前上一步，成为右弓步，同时，用左拳向己方胸部击打（图 4–196）；己方左脚前上一步，成为左虚步，同时，用两手接抓住对方左来拳，顺对方来拳之劲向右后回领对方左臂（图 4–197）。接着，己方上体右转，同时，用左侧掌戳击对方右颈部，使对方颈部受伤（图 4–198）。

**要点：**两手接抓对方来拳要及时，左掌戳击对方右颈部要快速、准确、有力，力达左掌掌尖。

图 4-196

图 4-197

图 4-198

## 五、横格肘防左右掌戳颈肋

对方右脚前上一步，成为右弓步，同时，用右拳向己方胸部击打；己方左脚左前上步，同时，用左臂向右横格防开对方来拳（图 4-199）。接着，己方用左插掌向对方右颈侧戳击（图 4-200）。动作不停，己方用右插掌向对方右肋部戳击（图 4-201）。

**要点：**横格肘防拳要及时，左插掌戳击对方右颈侧和右掌戳击对方右肋部要连贯、快速、准确、有力，力达两掌掌尖。

图 4-199

图 4-200

图 4-201

## 六、横格肘防右左掌戳肋

对方右脚前上一步，成为右弓步，同时，用右拳向己方胸部击打；己方左脚左前上步，同时，用左臂向右横格防开对方来拳（图 4-202）。接着，己方上体右转，同时，用右插掌向对方右肋部戳击（图 4-203）。动作不停，己方上体右转，右掌右摆，并用左掌向对方右肋部再次戳击，使对方肋部受伤（图 4-204）。

**要点：**横格肘防拳要及时，右左两掌戳击对方右肋要连续、快速、准确、有力，力达两掌掌尖。

图 4–202

图 4–203

图 4–204

## 七、挑拨防领臂戳颈

对方右脚前上一步，成为右弓步，同时，用左直拳向己方胸部击打（图 4–205）。接着，己方左脚左前上步，成为马步，同时，用右臂向右上挑拨开对方来拳（图 4–206）。动作不停，己方右手外旋拧回领对方左臂，同时，用左穿掌戳击对方颈部，使对方颈部受伤（图 4–207）。

**要点**：挑拨防拳要及时，右手抓腕旋拧回领臂与左插掌戳击对方颈部要协调一致，戳击对方颈部要快速、准确、有力，力达左掌掌尖。

图 4-205

图 4-206

图 4-207

## 八、搂防领臂右掌戳喉

对方右脚前上一步，成为右弓步，同时，用左直拳向己方胸部击打；己方左脚左前上步，偏身闪躲开对方来拳之锋芒（图 4-208）。接着，己方用左掌向外搂防开对方来拳（图 4-209）。动作不停，己方左手接抓住对方左腕回领对方左臂，同时，用右插掌向对方喉部戳击，使对方喉部受伤（图 4-210）。

**要点：** 闪身防拳要及时，抓腕旋拧领臂要一气呵成，领臂与右插掌戳击对方喉部要一致，戳击对方喉部要快速、准确、有力，力达右掌。

图 4-208

图 4-209

图 4-210

## 九、外拨压防戳太阳穴

对方左脚前上一步，成为左弓步，同时，用左拳向己方胸部击打；己方左脚左前上步，闪身躲开对方来拳之锋芒（图 4-211）。接着，己方用左掌向左下拨压开对方左来拳（图4-212）。动作不停，己方用左掌向前戳击对方左太阳穴，使对方太阳穴受伤（图 4-213）。

**要点：** 闪身要及时，拨压防拳要向左下压，控制住对方左拳，左掌戳击对方左太阳穴要快速、准确、有力，力达左掌掌尖。

图 4-211

图 4-212

图 4-213

## 十、外拨搂防右掌戳肋

对方左脚前上一步，成为左弓步，同时，用左直拳向己方胸部击打；己方左脚左前上步，成为马步，闪开对方来拳（图4–214）。己方左掌外下拨压防对方左来拳之腕，防开对方左拳（图 4–215）。动作不停，己方上体左转，同时，用左手搂开对方左拳臂，并用右插掌向对方左肋部戳击（图4–216）。

**要点：**闪身防拳要及时，外拨压对方来拳向左下用力。右插掌向对方左肋部戳击时，要快速、准确、有力，力达右掌尖。

图 4–214

图 4–215

图 4-216

## 十一、外搂防左插戳肋

对方左脚前上一步，成为左弓步，同时，用左直拳向己方胸部击打；己方左脚左前上步，成为马步，闪开对方来拳(图 4-217)。己方左掌外搂防开对方左来拳之臂（图 4-218)。动作不停，己方上体右转，同时，用左插掌向对方左肋部戳击(图 4-219)。

**要点：**闪身、外搂防对方来拳要及时。左插掌向对方左肋部戳击要快速、准确、有力，力达左掌尖。

图 4-217

图 4–218

图 4–219

## 十二、左搂防右脚戳胸

对方右脚前上一步，成为右弓步，同时，用右拳向己方胸部击打；己方左脚前上步，身体右偏防开来拳（图 4–220）。接着，己方左手向左外下搂开对方右拳（图 4–221）。动作不停，己方左脚支撑身体，同时用右脚脚尖向前上戳击对方胸部，使对方胸部受伤（图 4–222）。

**要点：**偏身、搂手防对方右拳要及时，支撑腿要稳，右脚前上戳击对方胸部要快速、准确、有力，力达右脚脚尖。

图 4-220

图 4-221

图 4-222

## 十三、左搂防右脚戳喉

对方右脚前上一步，成为右弓步，同时，用右拳向己方胸部击打；己方左脚前上步，身体右偏防开来拳（图 4-223）。

接着，己方左手顺势抓握住对方右来拳回领其臂，左腿支撑身体，同时，上提右腿（图 4–224）。动作不停，己方用右脚脚尖向前上戳击对方喉部，使对方喉部受伤（图 4–225）。

**要点：**偏身、搂手防对方右拳要及时，支撑腿要稳，右脚前上戳击对方喉部要快速、准确、有力，力达右脚脚尖。

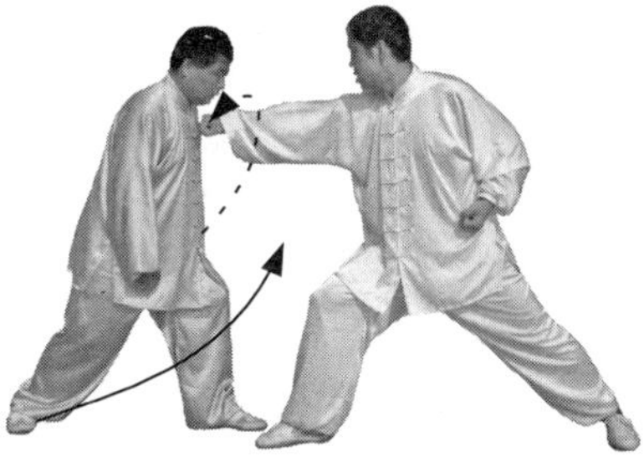

图 4–223

图 4–224

图 4–225

## 十四、左手抓领左腕臂右撩脚戳裆

对方右脚前上一步，成为右弓步，同时，用左拳向己方胸部击打；己方左脚左前上步，成为左虚步，同时，用右手刁抓住对方左来拳之腕，向右后回领（图 4–226）。接着，己方左脚前上一步，身体右转（图 4–227）。动作不停，已方身体继续右转，左腿支撑身体，同时，向后上撩腿，用右脚戳击对方裆部，使对方裆部受伤（图 4–228）。

**要点：**接抓腕要及时，上步要快速，领臂转身要一致，支撑腿要稳，左腿向后上撩，用左脚脚跟戳击对方裆部要快速、准确、有力，力达左脚后跟。

图 4–226

图 4–227

图 4–228

## 十五、左手抓领右腕臂左踹腿戳裆

对方右脚前上一步，成为右弓步，同时，用右拳向己方胸

部击打；己方左脚左前上步，成为左虚步，同时，用右手刁抓住对方右来拳之腕，向右后回领（图 4–229）。接着，己方右脚前上一步，身体右转（图 4–230）。动作不停，己方身体继续右转，右腿支撑身体，同时，左腿屈膝提起（图 4–231）。接着，己方用左侧踹腿向对方裆部戳击，使对方裆部受伤（图 4–232）。

**要点：**接抓腕要及时，上步要快速，领臂转身要一致，支撑腿要稳，左腿向左侧踹击对方裆部，要快速、准确、有力，力达右脚侧缘。

图 4–229

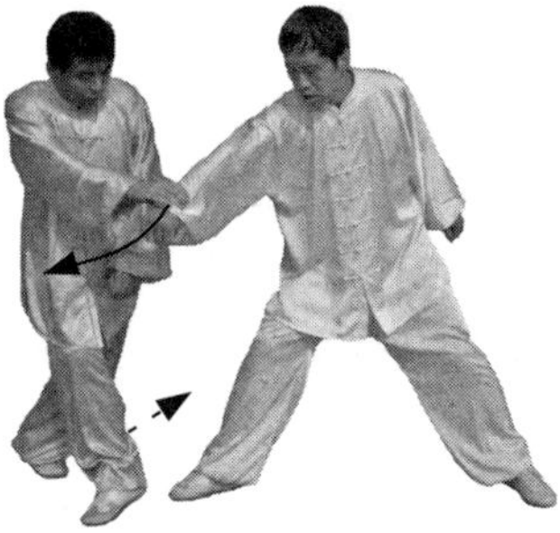

图 4–230

图 4–231

图 4–232

# 第七节 挤的实战用法

挤是用臂紧贴于对方某部位上将对方排挤拥压出去的一种技法，是一种无间距、无冲撞的推拥摔法。

## 一、双臂压防左前挤臂摔

对方右脚前上一步，成为右弓步，同时，用右直拳向己方胸部击打；己方左脚左前上步，成为左虚步，同时，左闪身躲开对方来拳之锋芒（图 4–233）。动作不停，己方用两臂从对方右臂外侧向前下横压开对方来拳（图 4–234）。当对方回抽右臂时，己方借其抽臂之劲右手按于左前臂内侧助推，同时，用左前臂外侧为力点向左前挤压对方右臂，将对方挤出，向左前倒摔（图 4–235）。

**要点：**闪身、双臂前下压对方右来拳要及时，挤臂要借对方右臂回抽之劲，挤臂有力，力达左臂。

图 4–233

图 4–234

图 4-235

## 二、双捋臂防左前挤胸摔

对方右脚前上一步，成为右弓步，同时，用右直拳向己方胸部击打；己方左脚左前上步，成为左虚步，同时，左闪身躲开对方来拳之锋芒（图 4-236）。动作不停，右左两手黏住对方右臂顺对方来拳之劲向右后捋带对方右臂（图 4-237）。当对方回抽右臂时，己方借其抽臂之劲右手按于对方左前臂内侧助推，同时，用左前臂外侧为力点向左前挤压对方胸部，将对方挤出后摔（图 4-238）。

图 4-236

图 4-237

图 4-238

**要点：**闪身、双臂回捋对方右来拳要及时，顺其来拳之劲捋之；挤对方胸部要借其回抽臂之力，挤胸要有力，力达左臂。

### 三、拨挡防拳挤胸摔

对方右脚前上一步，成为右弓步，同时，用右直拳向己方胸部击打；己方左脚左前上步，成为左虚步，同时，向左闪身躲开对方来拳之锋芒（图 4-239）。接着，己方用左臂向左拨挡开对方右来拳（图 4-240）。接着，己方左脚前上一步于对

图 4-239

图 4-240

方右腿外后侧，绊住对方右腿，同时用两臂前挤对方胸部，将对方挤出（图 4–241），向左后倒摔（图 4–242）。

**要点：**闪身、拨挡防拳要及时，绊腿要牢，两臂挤对方时胸部要有力，力达右臂。

图 4–241

图 4–242

## 四、双手捋臂前挤肋摔

对方左脚前上一步，成为左弓步，同时，用左拳向己方胸部击打；己方左脚左前上步，成为左虚步，并闪身躲开对方左来拳（图 4–243）。接着，己方用两手向顺其对方左来拳之劲向右后捋对方右臂（图 4–244）。对方有前倾感，速回抽左臂

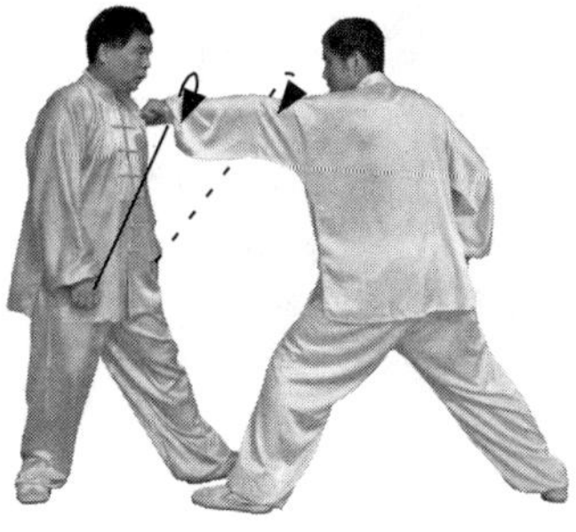

图 4–243

图 4–244

以调速身体重心；己方借对方回抽左臂之机，顺其劲，用两臂向前挤对方左肋部，使对方向右后摔出（图 4–245）。

**要点**：闪身要及时，两手捋对方左臂要顺其来拳之劲，两臂挤肋要有力，力达两臂。

图 4–245

### 五、左后捋臂绊腿挤肋摔

对方左脚前上一步，成为左弓步，同时，用左拳向己方胸部击打；己方左脚左前上步，成为左虚步，并闪身躲开对方左来拳（图 4–246）。接着，己方用两手顺对方左来拳之劲向左后捋对方左臂（图 4–247）。接着，己方右脚前上一步，于对

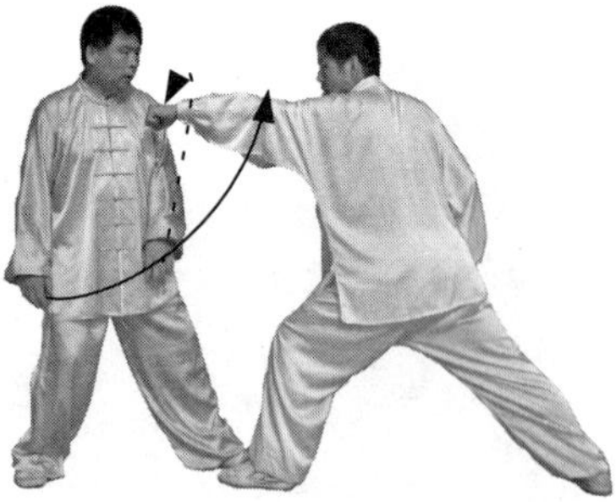

图 4–246

图 4–247

方裆后绊住对方左腿，同时，用两臂向右前挤对方左肋部（图4–248），使对方后摔倒地（图 4–249）。

**要点：**闪身要及时，两手左后捋带对方左臂要顺其来拳之劲，上步要快速，绊腿要牢固，两臂挤对方左肋要有力，力达两臂。

图 4–248

图 4–249

# 第八节　靠的实战用法

靠是运用身体部位挨近靠撞对方的一种技法，是短快发力的短打之法。常用的招法有肩靠、背靠、胯靠、臂靠和肘靠等。

## 一、闪身进身左肩靠背

对方右脚前上一步，成为右弓步，同时，用右拳向己方胸部击打；己方左脚左前上步成为左虚步，同时，偏身躲开对方右来拳（图 4–250）。接着，己方左脚前上一步于对方裆后，从对方右臂后接近对方（图 4–251），并用左肩向左前靠击对方右后背部（图 4–252）。

**要点：**闪身要及时，上步要快速，左肩靠击对方右后背部要猛狠，劲力顺畅，力达左肩。

图 4–250

图 4–251

图 4–252

## 二、闪身进身左肩靠胸

对方右脚前上一步，成为右弓步，同时，用右拳向己方胸部击打；己方左脚左前上步成为左虚步，同时，偏身躲开对方右来拳（图 4–253）。接着，己方左脚前上一步于对方裆后，绊住其右腿，身体从对方右臂内侧（图 4–254），用左肩靠击对方胸部（图 4–255）。

**要点：**闪躲要及时，上步要快速，左肩靠击对方右胸部要猛狠，劲力顺畅，力达左肩。

图 4–253

图 4–254

图 4–255

### 三、领臂胯靠按背摔

对方右脚前上一步，成为右弓步，同时，用右拳向己方胸部击打（图 4–256）；己方左脚左前上步，同时，用右手刁抓住对方右腕，向右后回领对方右臂（图 4–257）。接着，己方左脚左前上步于对方裆前，绊住其右腿，并用左胯靠击对方右肋部（图 4–258）。动作不停，己方左腿后挂对方右腿，同时，用左掌向前下推击对方后背，使对方前倒（图 4–259）。

**要点：** 上步要快，绊腿要牢，左胯靠击对方右肋要猛狠，左腿后挂右腿与左掌前下推对方后背要协调一致。挂腿、推背有力，力达左腿、左掌。

图 4–256

图 4–257

图 4–258

图 4–259

## 四、领臂靠胯揽胸摔

对方左脚前上一步，成为左弓步，同时，用左拳向己方胸部击打（图 4–260）；己方用右手向右上接抓住对方左来拳之腕（图 4–261），向右上回领对方左臂，同时前上左脚一步于对方裆后，并用左臂揽住对方胸部（图 4–262）。动作不停，己方左胯向左后靠击对方右胯，同时，向前下揽按对方胸部，使对方后摔（图 4–263）。

**要点：**接抓腕领臂要及时，上步要快速，左后靠胯与前下揽按胸要协调一致，按胸要有力，力达左臂。

图 4–260

图 4–261

图 4–262

图 4–263

## 五、提臂进身背靠肋摔

对方左脚前上一步，成为左弓步，同时，用左直拳向己方胸部击打（图 4–264）；己方用右手接抓住对方左腕向右上提领（图 4–265）。接着，己方左脚前上一步于对方裆后

(图4-266)，并用后背肩向前后靠扛对方左肋部（图 4-267)。

**要点：**接抓腕提臂要及时，进步要快速，肩背靠扛对方左肋要猛狠，劲力顺畅，力达两肩背。

图 4-264

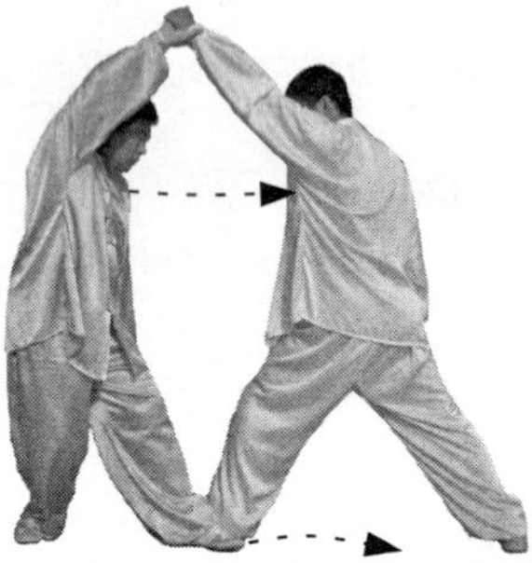

图 4-265

图 4-266

图 4-267

## 六、领臂进身左肩靠肋

对方右脚前上一步，成为右弓步，同时，用右拳向己方胸部击打；己方左脚左前上步成为左虚步，同时，偏身躲开对方右来拳（图 4-268)。接着，己方用右手接抓住对方右腕向右后回领其右臂（图 4-269)。动作不停，己方左脚前上一步于对方裆后，绊住其右腿，并用左肩靠击对方右肋部（图 4–270）。

**要点：**闪身、抓腕领臂要及时，上步要快速，左肩靠击对方右肋部要猛狠，劲力顺畅，力达左肩。

图 4–268

图 4–269

图 4–270

## 七、领臂上提左肩靠肋

对方右脚前上一步，成为右弓步，同时，用右拳向己方胸部击打；己方左脚左前上步成为左虚步，同时，偏身躲开对方右来拳（图 4–271）。接着，己方用右手接抓住对方右腕向右后回领其右臂（图 4–272）。动作不停，己方左脚左上一步，成为左弓步，用左腿挂绊住对方右腿，同时，右手抓其腕向右上提对方右臂，并用左肩靠击对方右肋部，使对方右肋受伤（图4–273）。

**要点：**闪身、抓腕领臂要及时，上步要快速，挂绊腿要牢固，上提腕领臂、上步与左肩靠击对方右肋要协调一致，左肩靠击对方右肋部要猛狠，劲力顺畅，力达左肩。

图 4–271

图 4–272

图 4–273

## 八、接腕领臂靠压肘

对方右脚右侧上步，成为马步，同时，用右侧冲拳向己方胸部击打；己方左脚左前上步，同时，用右手接抓住对方右腕（图 4–274）。接着，己方左脚前上一步于对方右腿后侧，身体右转，同时右手抓其腕向右后回领对方右臂，并用左臂向前靠击对方右臂肘关节（图 4-275）。动作不停，己方用左肘从对方右臂上向下砸压对方右肘关节，使对方肘部受伤（图 4-276）。

**要点：** 接抓腕要及时，上步、转身、领臂、靠臂要协调一致，上步快速，领臂要直，靠、砸肘要反其关节，靠砸要准确、有力，力达左肘。

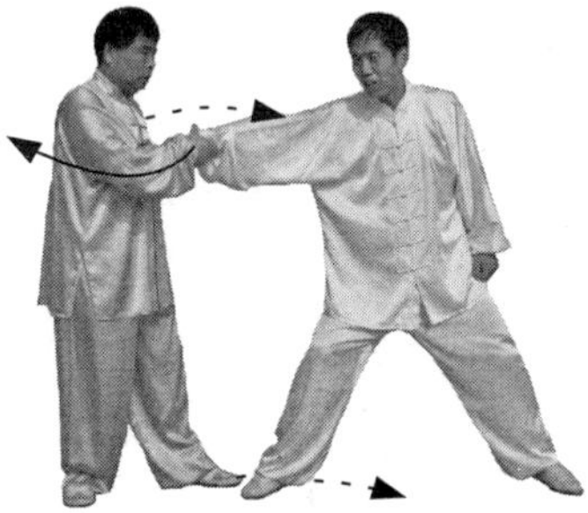

图 4-274

图 4-275

图 4-276

## 九、横推防进身左肩靠肋左肘击背

对方左脚前上一步，成为左弓步，同时，用左拳向己方胸部击打（图 4-277）。接着，己方用左手向右横推开对方来拳

(图 4–278)。己方左脚前上一步于对方裆前，同时，用左肩向对方左肋部靠撞（图 4–279）。动作不停，己方用左肘向左后顶击对方后背部，使对方背部受伤（图 4–280）。

**要点：** 横推防对方左拳要及时，横向用力，进步要快，左肩靠撞对方左肋要猛狠，左肘顶击对方后背要快速、有力，力达左肘尖。

图 4–277

图 4–278

图 4–279

图 4–280

## 第九节　吃根的实战用法

吃根是控制下肢的技法。八极拳常用勾挂、扣脚、别绊、跪压、挑踢等低腿技法，使对方之腿不能变化。

## 一、左脚外侧扣脚跪压右腿

己方从对方右腿外后侧，用左脚尖勾挂扣住对方右足后跟部，向前下跪压对方小腿胫骨，使其右腿受制，而不能动弹（图 4-281）。

**要点：** 左脚勾挂扣脚要牢，跪压小腿胫骨要有力。

图 4-281

## 二、左脚内侧扣脚跪压右腿

己方从对方右腿内前侧，用左脚尖勾挂扣住对方右足后跟部，向前下跪压对方小腿胫骨，使其右腿受制，而不能动弹（图 4-282）。

**要点：** 左脚勾挂扣脚要牢，跪压小腿胫骨要有力。

图 4-282

## 三、右脚内侧扣脚跪压右腿

己方从对方右腿内前侧，用右脚尖勾挂扣住对方右足后跟部，向前下跪压对方小腿胫骨，使其右腿受制，而不能动弹(图 4–283)。

**要点：**右腿勾挂扣脚要牢，跪压小腿胫骨要有力。

图 4–283

## 四、右脚外侧扣脚跪压右腿

己方从对方右腿外后侧，用右脚尖勾挂扣住对方右足后跟部，向前下跪压对方小腿胫骨，使其右腿受制，而不能动弹(图 4–284)。

**要点：**右腿勾挂扣脚要牢，跪压小腿胫骨要有力。

图 4–284

## 五、左脚外侧勾挑右腿

己方右腿支撑身体，同时，用左脚从对方右腿外侧向前上勾挑踢对方右腿，同时，用左手向左后推其胸，使对方后倒(图 4–285)。

**要点：**支撑腿要稳，勾挂踢腿要快速、有力，力达左腿。

图 4–285

## 六、右脚里侧勾挑右腿

己方左脚前上一步，成为左弓步，同时，右手前伸，按于对方右肩（图 4–286）。接着，己方左脚支撑身体，用右脚向左前上勾脚挑踢对方右腿，同时，右手向右后按对方后背，使对方前倒（图 4–287）。

**要点：**左腿支撑身体要稳，右腿向左前上挑踢对方右腿与右手向右后按对方后背要协调一致，右腿向左上挑踢对方右腿要快速、有力，力达右腿。

图 4–286

图 4–287

## 七、左扣脚挡防右拳击肋

对方右脚右侧上步，成为马步，同时，用右侧冲拳向己方胸部击打（图 4–288）；己方左脚前上一步，用左脚从对方右腿外后侧勾挂扣住对方右脚，向前下跪压对方右小腿胫骨，使其腿不能变化（图 4–289）。接着，己方用左臂向左上架挡防开对方右拳，并用右直拳向对方右肋部击打（图 4–290）。

**要点：**左腿扣脚要牢，左臂挡防拳要及时，右拳击肋要快速、准确、有力，力达右拳拳面。

图 4–288

图 4–289

图 4–290

## 八、闯步跪压膝

己方左虚步于对方右侧站立（图 4–291）。接着，己方左脚带动右脚向前闯步于对方右腿外后侧（图 4–292）。动作不停，己方用右膝向前撞下跪压击对方右膝关节，使对方膝关节受伤（图 4–293）。

**要点：**前闯步要快速，右膝前撞猛狠，前下跪压有力，力达右膝。

图 4–291

图 4–292

图 4–293

## 九、架挡防跪压膝右拳击颈

对方右脚前上一步，成为马步，同时，用右侧冲拳向己方胸部击打（图 4–294）；己方用左臂挡开对方右来拳（图 4–295）。接着，己方向前闯步，同时，用左肘顶击对方右胸，用右膝跪压对方右膝关节（图 4–296）。动作不停，己方用右拳向对方右颈侧击打（图 4–297）。

**要点：**架挡防拳要及时，闯步要快速，左肘顶胸、右膝跪压对方右膝关节要一致，顶肘、压膝要猛狠，右拳击打对方颈侧要有力，力达右拳。

图 4–294

图 4–295

图 4–296

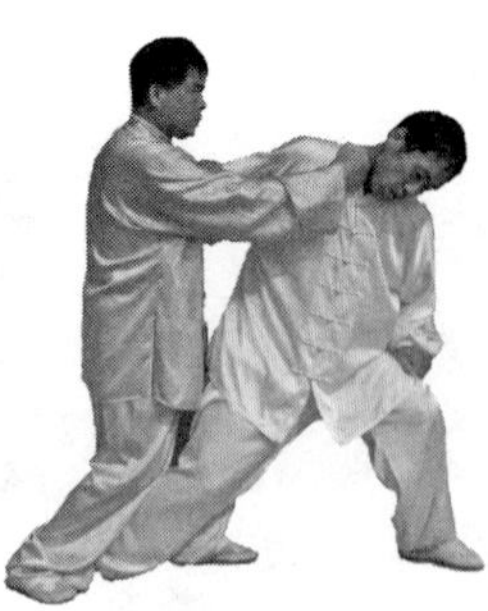

图 4–297

## 十、架挡防闯步跪膝横臂撞胸

对方右脚前上一步，成为右弓步，同时，用右拳向己方胸部击打（图 4–298）；己方用右臂架挡防开对方右来拳（图 4–299）。接着，己方向前闯步，同时，用右膝向前下跪压对方右膝关节（图 4–300）。接着，己方右臂向左下横击对方胸部，使对方后倒（图 4–301）。

**要点：**挡架要及时，闯步要快速，右膝跪压对方右膝关节要有力，右臂向左下横击其胸要有力，力达右臂。

图 4–298

图 4–299

图 4–300

图 4–301

## 十一、挑架防进身顶胸跪膝揽腰

对方右脚前上一步，成为右弓步，同时，用右拳向己方面部击打；己方后闪身躲开对方来拳之锋芒（图 4–302）。接着，己方用左臂向左上架挡开对方来拳（图 4–303）。接着，己方左脚带右脚向前闯步，同时，用左肘顶击对方胸部，并用右膝向前下跪压对方右膝部（图 4–304）。动作不停，己方用右臂揽抱住对方前腰腹，向前下按，使对方后倒（图 4–305）。

**要点：**架接防拳要及时，闯步要快速，左肘顶击与右膝跪压要协调一致，顶肘、跪膝猛狠。揽腰下按要有力，力达右臂。

图 4–302

图 4–303

图 4–304

图 4–305

## 十二、横拍防跪膝击肋

对方左脚前上一步，成为左弓步，同时，用左拳向己方胸部击打；己方后闪身，躲开对方左拳（图 4–306）。接着，用左手向右横拍开对方来拳（图 4–307）。己方向前闯步，同时，用右膝向前下跪压对方左膝外关节，并用右拳击打其左肋部，使对方左膝、左肋受伤（图 4–308）。

**要点：** 闪身、横拍防拳要及时，进身闯步要快速，右膝跪压对方左膝关节与右拳击打对方左肋要协调一致，压膝要反其关节，右拳击肋要快速猛狠，劲力顺畅，力达右拳。

图 4–306

图 4-307

图 4-308

## 十三、挑拨防扣脚左拳击肋

对方左脚前上一步，成为左弓步，同时，用左拳向己方胸部击打；己方后闪身，躲开对方左拳（图 4-309）。接着，己方左脚前上一步，同时，用左手向左上挑拨开对方来拳（图 4-310）。动作不停，己方左脚继续前上步，用左脚尖从对方左脚内侧勾挂住对方左脚后跟，小腿向下压别住对方左小腿，使其腿不能动弹（图 4-311）。接着，己方用左拳向对方左肋部击打，使对方左肋受伤（图 4-312）。

图 4-309

图 4-310

图 4-311

图 4-312

**要点：**闪身、挑拨开对方来拳要及时，上步要快速，左脚勾挂压别对方左脚腿要牢，左拳击打对方左肋部要快速、准确、有力，力达左拳。

## 十四、挑拨防扣脚右拳击肋

对方左脚前上一步，成为左弓步，同时，用左拳向己方胸部击打；己方后闪身，躲开对方左拳（图 4-314）。接着，己方左脚前上一步，同时，用左手向左上挑拨开对方来拳（图 4-315）。动作不停，己方左脚继续前上步，用左脚尖从对方左脚内侧勾挂住对方左脚后跟，小腿向下压别住对方左小腿，使其腿不能动弹。并用右拳向对方左肋部击打，使对方左肋受伤（图 4–316）。

**要点：**闪身、挑拨开对方来拳要及时，上步要快速，左脚勾挂压别对方左脚腿要牢，右拳击打对方左肋部要快速、准确、有力，力达右拳。

图 4–313

图 4–314

图 4–315

图 4–316

## 十五、架挡防闯步跪膝右肘撞胸

对方左脚前上一步，成为左弓步，同时，用左拳向己方胸部击打；己方后闪身，躲开对方左来拳（图 4–317）。动作不停，己方用右臂向右上挡架开对方左拳（图 4–318）。接着，己方向前闯步，并用右膝向前下撞跪压对方左膝，并用右肘撞击对方胸部，使对方左膝及胸部受伤（图 4–319）。

**要点：**闪身、挡架开对方来拳要及时，闯步要快速，跪膝、右肘撞胸动作要协调一致，跪膝要反其关节，右肘撞胸要快速、准确、有力，力达右拳。

图 4–317

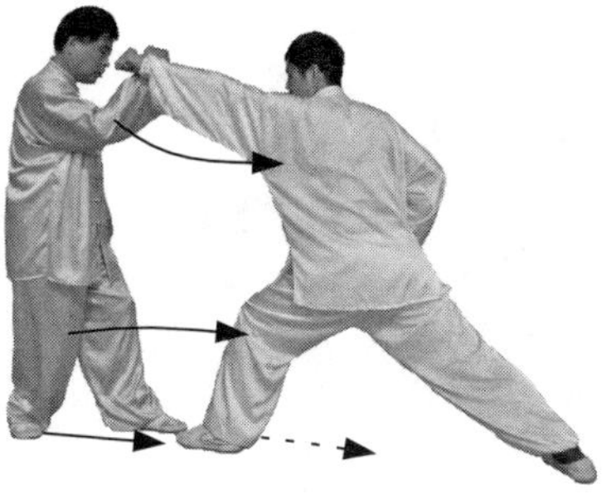

图 4–318

图 4–319

## 十六、抓腕领臂横击胸勾腿挑踢

对方左脚前上一步，成为左弓步，同时，用左拳向己方胸部击打；己方后闪身，躲开对方左拳（图 4–320）。接着，己方左脚前上一步，同时，用左手向左上挑拨开对方来拳（图 4–321）。动作不停，己方左手接抓住对方左腕外旋拧并向左后回领，左腿支撑身体，右臂从对方左臂上向对方胸部穿过（图 4–322）。动作不停，己方右掌臂向右后横击对方胸部，并用右腿向左上勾腿挑踢对方左腿，使对方后摔（图 4–323）。

**要点：**挑拨对方来拳要及时，支撑腿要稳，右臂横击对方胸部与右腿勾腿挑踢要协调一致，横击胸要有力，挑踢胸要快猛，力达右臂与右腿。

图 4–320

图 4–321

图 4-322

图 4-323

## 十七、领臂按肩后挂挑腿

对方左脚前上一步，成为左弓步，同时，用左拳向己方胸部击打；己方用左手刁抓住对方左腕向左后回领对方左臂（图 4-324）。接着，己方身体左转，前上右脚于对方左脚前，右手按于对方左背肩部（图 4-325）。动作不停，己方右腿右后挂上挑，同时，用右掌向前下推按对方左肩背部（图 4-326），使对方前倒（图 4-327）。

图 4-324

图 4-325

图 4-326

图 4-327

**要点**：刁腕领臂要及时，后挂挑腿与前下推按对方后背肩要协调一致，后挂挑腿要快速，前下推按肩背要迅猛，使对方前倒。

## 十八、领臂挎肘缠臂勾脚挑踢

对方右脚右上一步，成为马步，同时，用右侧冲拳向己方胸部击打；己方稍后闪，躲开对方来拳（图 4-328）。接着，己方左臂从对方右肘下屈肘上挎，并向下按腕，使对方右肘受制（图 4-329）。动作不停，己方左臂向左后下缠压对方右上

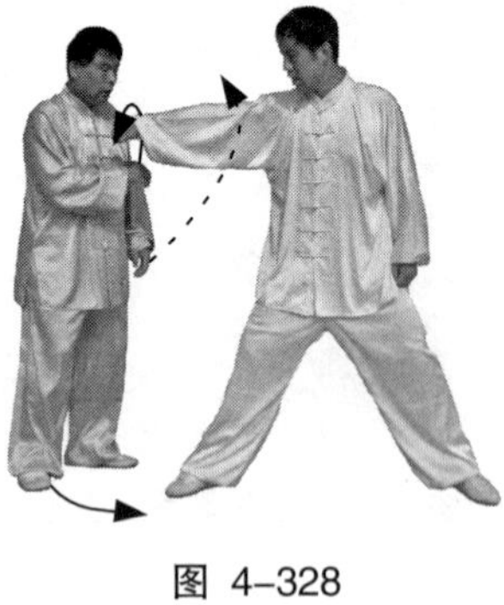

图 4-328

图 4-329

臂，同时，用左勾腿向前上挑踢对方右腿（图 4-330），使对方后倒（图 4-331）。

**要点：**接抓腕、领臂要及时，左臂缠压臂与左勾脚挑踢要协调一致，缠压有力、勾腿挑踢要迅猛，劲力顺畅，力达左臂及左腿。

图 4-330

图 4-331

## 十九、领臂左臂后拍胸左腿挑踢

对方右脚右侧上步，成为马步，同时，用右侧冲拳向己方胸部击打；己方后闪身躲开对方来拳之锋芒（图 4-332）。接着，己方右脚前上一步，身体右转，同时，用右手接抓住对方来拳之腕向右后回领，左臂从对方右臂上方穿过于胸前（图 4-333）。接着，己方用左腿从对方右腿后方向前上勾踢(图 4-334)。动作不停，己方左臂向左后横拍对方胸部，并用左脚勾住对方右腿向右前上挑踢，使对方后倒（图 4-335）。

**要点：**接抓腕要及时，上步、领臂、左伸左臂要一致，左手后拍胸与左勾腿挑踢要协调一致，后拍胸有力，挑踢腿快猛，劲力顺畅，力达左掌与左腿。

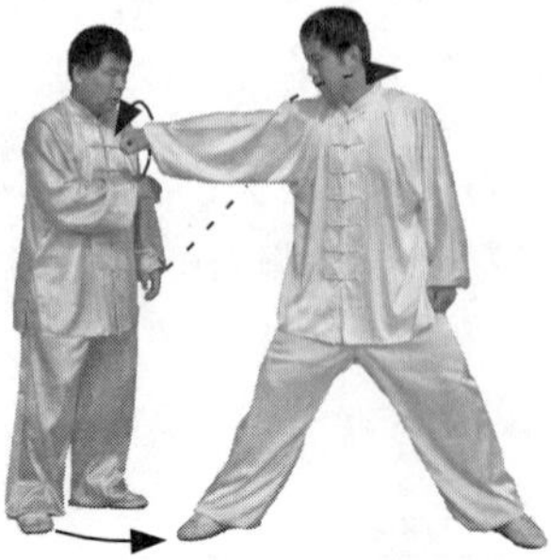
图 4-332

图 4-333

图 4-334

图 4-335

## 二十、领臂后挂挑腿压肩

对方右脚前上一步，成为弓步，同时，用右拳向己方腹部击打；己方用右手接抓住对方右腕（图 4-336）。左脚前上一步于对方右腿前方，并用左掌按于对方右胛部（图 4-337）。接着，右手右领对方右臂，左手前下推按对方右后肩胛部，并用左腿向后挂上挑对方右腿（图 4-338），使对方前倒（图 4-339）。

**要点：**接抓腕要及时，领臂、按肩与后挂挑踢要协调一致，前下推按要快速，后挂挑踢要迅猛，劲力要顺畅，力达左掌与左腿。

图 4-336

图 4-337

图 4-338

图 4-339

## 第十节　埋根的实战用法

埋根是一种劲力由上向下盖压住对方脚与腿的技法，是控制对方下肢，使其不能变化的方法。八极拳常用踩脚跺腿、扣脚跪腿等低腿技法，使对方之腿不能变化。

### 一、右脚踩击右脚面

己方由对方右侧，用右脚将对方右脚面踩击于右脚下，使其右脚不能变化（图 4–340）。

**要点：**右脚踩击对方右脚要牢固。

图 4–340

**二、左脚踩击右脚面**

己方由对方右侧，用左脚将对方右脚面踩击于左脚下，使其右脚不能变化（图 4–341）。

**要点：**左脚踩击对方右脚要牢固。

图 4–341

### 三、右脚踩击右膝关节

己方由对方右侧，用右脚向对方右腿膝关节外侧，将其小腿踩于右脚下，使其右脚不能变化（图 4–342）。

**要点：**右脚踩击对方右腿要牢固。

图 4–342

### 四、左脚踩击右膝关节

己方由对方右侧，用左脚向对方右腿膝关节外侧，将右腿踩于左脚下，使其右腿不能变化（图 4–343）。

**要点：**左脚踩击对方右腿要牢固。

图 4–343

## 五、左脚右腿外后侧扣脚跪腿

己方由对方右腿外后侧用左脚勾挂扣住对方右脚后跟，并用左腿向前下跪压对方右小腿，使其不能动弹（图 4–344）。

**要点：**左脚勾挂扣脚要牢，跪压对方右腿要有力，力达左腿。

图 4–344

## 六、左脚右腿前内侧扣脚跪腿

己方由对方右腿前内侧用左脚勾挂扣住对方右脚后跟，并用左腿向前下跪压对方右小腿，使其不能动弹（图 4–345）。

**要点：**左脚勾挂扣脚要牢，跪压对方右腿要有力，力达左腿。

图 4–345

## 七、右脚右腿外后侧扣脚跪腿

己方由对方右腿外后侧用右脚勾挂扣住对方右脚后跟，并用右腿向前下跪压对方右小腿，使其不能动弹（图 4-346）。

**要点：**右脚勾挂扣脚要牢，跪压对方右腿要有力，力达左腿。

图 4-346

## 八、右脚右腿前内侧扣脚跪腿

己方由对方右腿前内侧用右脚勾挂扣住对方右脚后跟，并用右腿向前下跪压对方右小腿，使其不能动弹（图 4-347）。

**要点：**右脚勾挂扣脚要牢，跪压对方右腿要有力，力达左腿。

图 4-347

## 九、双架防右脚踩膝扳肩压臂

对方右脚右上一步，成为马步，同时，用右侧冲拳向己方面部击打；己方左脚前上一步，同时，用两臂向上叉架住对方右拳（图 4–348）。接着，己方左腿支撑身体，并用右脚向前下踩击对方右膝关节（图 4–349）。接着，己方右脚前下落步，同时，用右臂扣住对方右肩，左手抓住 对方右腕向前下推（图 4–350）。动作不停，己方右臂索住对方右肩向里拉，左手推住对方右腕向前下扳，使对方后倒（图 4–351）。

**要点：**双臂上架防要及时，右脚踩对方右膝关节要猛狠，索肩要牢，推扳腕要有力，力达两臂。

图 4–348

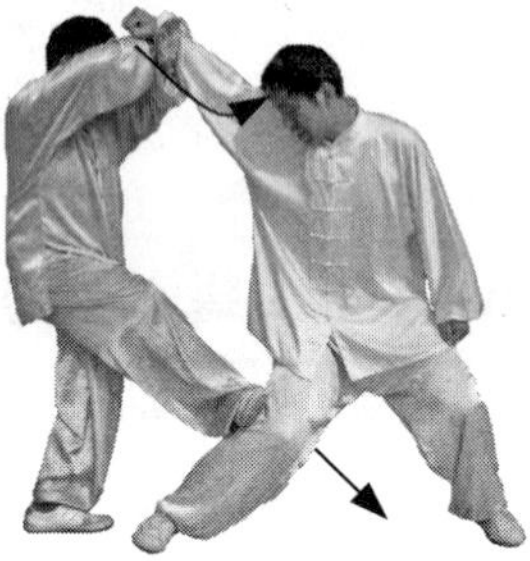

图 4–349

图 4–350

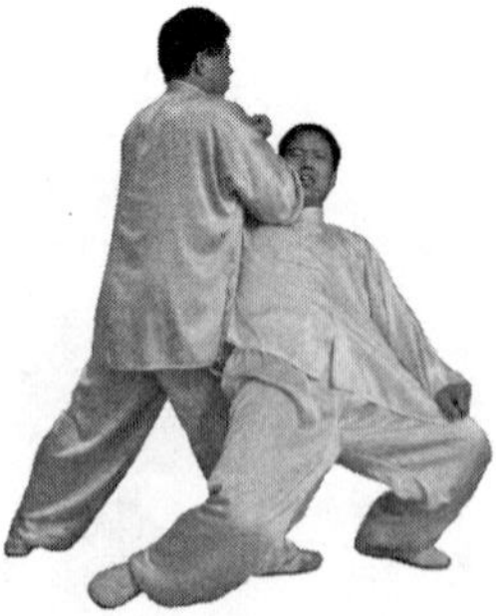

图 4–351

## 十、拧臂扳腕托肘踩膝

对方左脚前上一步，成为左弓步，同时，用左拳向己方胸部击打；己方左脚左前上步，闪身躲开对方来拳之锋芒（图4-352）。接着，己方双臂向上捧架开对方来拳（图4-353）。接着，己方左手托住对方左肘，向里上拉，右手向前下推按扳拧其腕（图4-354）。动作不停，己方左手向里拉托，右手向前下扳按，使对方左臂受别被控，不能动弹（图4-355）。接着，用右脚向前下踩击对方左腿膝关节（图4-356）。

**要点：**双臂上架防要及时，扳托肘拧扳压腕要有力，右脚踩击对方左膝关节要快速、准确、有力，力达右脚。

图 4-352

图 4-353

图 4-354

图 4-355

图 4-356

## 十一、拧腕领臂搂颈踩膝

对方左脚前上一步，成为左弓步，同时，用左拳向己方胸部击打；己方左脚前上一步，同时，用右手接抓住对方左腕，向外下旋拧，并回领其臂（图 4-357）。接着，己方左手从对方右肩上前伸（图 4-358）。动作不停，己方左手向右下搂按对方右颈，同时，用左腿向对方左膝关节踩击，使对方左膝受伤（图 4-359）。

**要点：**抓腕外旋拧、回领臂要及时，搂颈与踩膝要协调一致，踩膝要反其关节，踩膝有力，力达右脚。

图 4-357

图 4-358

图 4–359

## 十二、里旋拧领臂压肩踩膝

对方右脚前上一步，成为右弓步，同时，用右拳向己方胸部击打；己方左脚前上一步，同时，用右臂向上挑挡住对方右来拳（图 4–360）。己方右手接抓对方右拳腕，向右、向下、向里上拧转，并回领对方右臂（图 4–361）。动作不停，己方右腿支撑身体，左腿上提，同时，用左掌向下按对方右肩关节（图 4–362）。接着，己方用左脚向对方右膝下踩，使对方右膝受伤（图 4–363）。

图 4–360

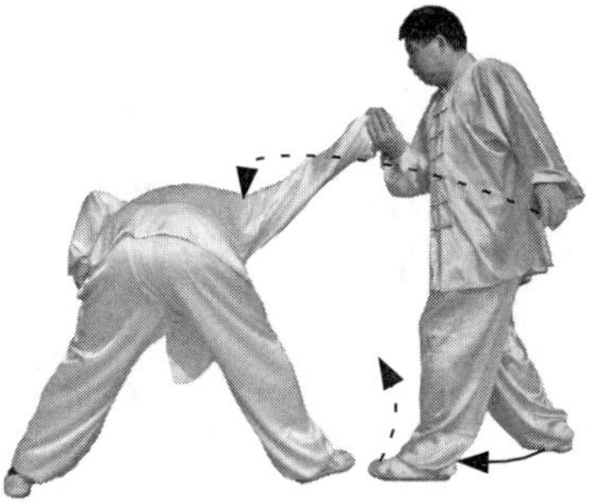

图 4–361

图 4-362

图 4-363

**要点：**接抓要及时，向外拧旋并回领对方右臂要一致，左手按压对方右肩关节要反其关节，左腿踩击对方右膝关节要反其关节，下踩准确、有力，力达右膝。

## 十三、推压腕扳拉反肘右脚踩膝

对方左脚前上一步，成为左弓步，同时，用左拳向己方胸部击打；己方左脚前上一步，向左偏身闪躲开对方来拳（图4-364）。接着，己方用右手接抓住对方左腕，左手从对方左手下扒托住对方左肘关节（图 4-365）。动作不停，己方左手

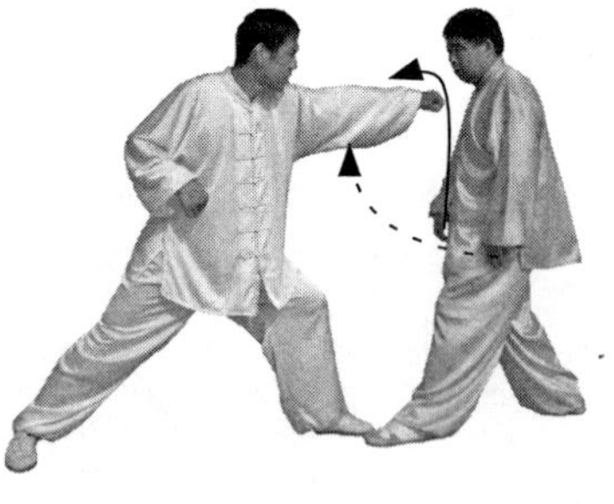

图 4-364

图 4-365

向里上拉托对方左肘，右手向前下推压反折对方左臂（图 4-366）。接着，己方左腿支撑身体，同时，用右脚向对方左膝关节踩击，使对方左膝关节受伤（图 4-367）。

**要点：**右手接抓胸要及时，左手扳拉肘与右手向前推压要协调一致，反折其肘要有力，力达两手。支撑腿要稳，右脚踩击对方左膝关节要反其关节，踩击猛狠。

图 4-366

图 4-367

## 十四、推压腕扳拉反肘左脚踩膝

对方左脚前上一步，成为左弓步，同时，用左拳向己方胸部击打；己方左脚前上一步，向左偏身闪躲开对方来拳（图 4-368）。接着，己方用右手接抓住对方左腕，左手从对方左手下扒托住对方左肘关节（图 4-369）。动作不停，己方左手向里上拉托对方左肘，右手向前下推压反折对方左臂（图 4-370）。接着，己方右腿支撑身体，同时，用左脚向对方左膝关节踩击，使对方左膝关节受伤（图 4-371）。

**要点：**右手接抓胸要及时，左手扳拉肘与右手向前推压要协调一致，反折其肘要有力，力达两手。支撑腿要稳，左脚踩击对方左膝关节要反其关节，踩击猛狠。

图 4–368

图 4–369

图 4–370

图 4–371

## 十五、接腿上提跪压膝

对方左腿支撑身体，同时，用右脚向己方腹部蹬击；己方左脚前上一步，偏身躲过对方来腿，并用左手向上接抓住对方来腿之后跟部（图 4–372）。接着，己方左腿支撑身体，左手上提对方右腿，同时，用右膝从对方右腿上方向下跪压对方右膝关节（图 4–373），使对方膝关节受伤而倒地（图 4–374）。

**要点：**闪身要快，接腿及时，上提与下跪膝要协调一致，跪膝要反其关节，跪膝有力，力达右膝。

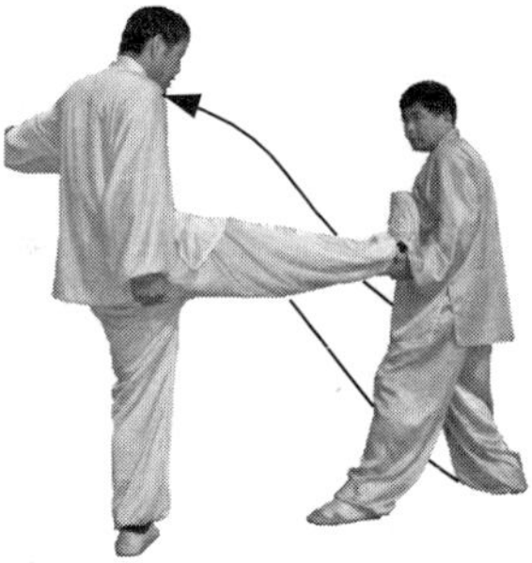

图 4-372

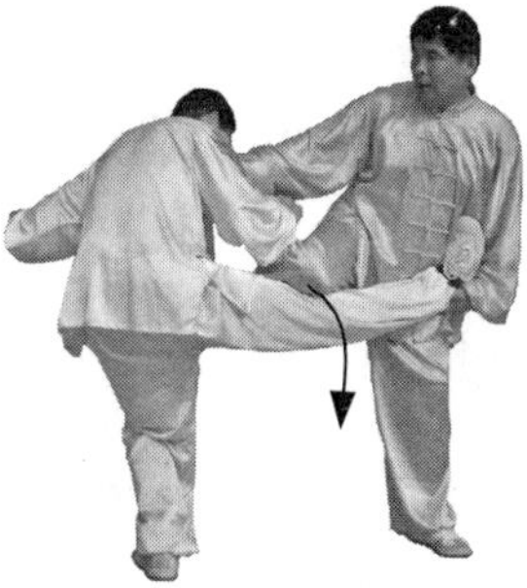

图 4-373

图 4-374

## 十六、接腿上提跪压膝踹肋

对方左腿支撑身体，同时，用右脚向己方腹部蹬击；己方左脚前上一步，偏身躲过对方来腿，并用左手向上接抓住对方来腿之后跟部（图 4-375）。接着，己方左腿支撑身体，左手上提对方右腿，同时，用右膝从对方右腿上方向下跪压对方右膝关节（图 4-376），使对方倒地（图 4-377）。动作不停，己方用右腿向对方右肋部踹击，使对方肋部受伤（图 4-378）。

**要点：**闪身要快，接腿及时，上提与下跪膝要协调一致，跪膝要反其关节，跪膝有力。右腿踹击对方右肋要猛狠。

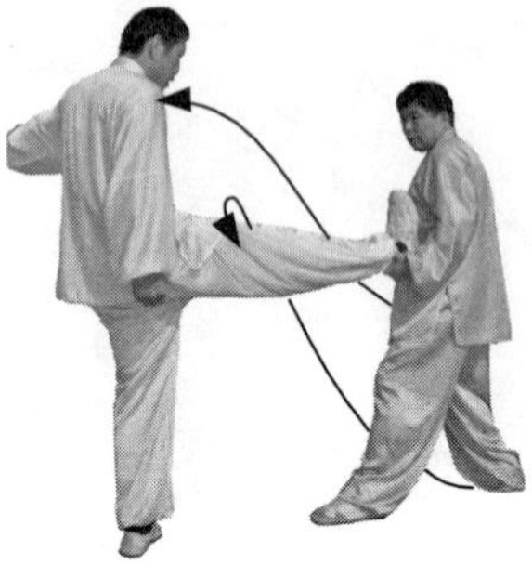

图 4-375

图 4-376

图 4-377

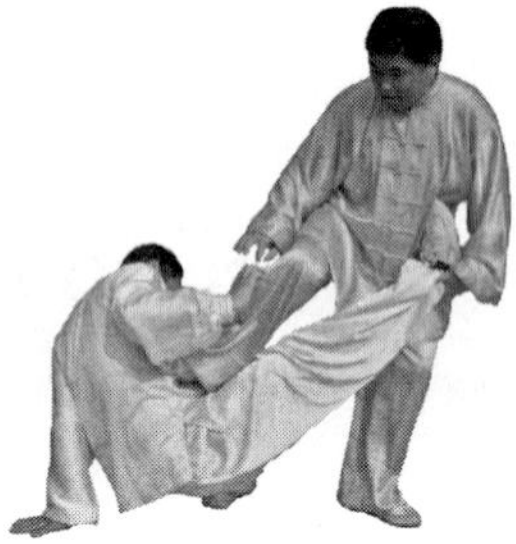

图 4-378

# 第五章　三盘连击实战用法

三盘连击分为两连击、三连击或三次以上的连续击打的方法。因篇幅所限，本章仅对两连击法加以介绍（三连击及以上的连击法将在《八极拳散招实战用法》一书中另作介绍）。两连击是上、中、下三盘两次连续击打的方法，是八极拳技法的综合运用，也是紧逼硬攻、连续追打的方法。其常用的方法有上盘两连击、上中盘连击、上下盘连击、中盘两连击、中上盘连击、中下盘连击、下盘两连击、下上盘连击、下中盘连击法等。

## 第一节　上盘两连击实战用法

上盘两连击是对上盘两次连续击打的方法，也是八极拳最常用的实战用法。

### 一、左拨防左右直拳击面

对方右脚前上一步，成为右弓步，同时，用右直拳向己方面部击打；己方左脚前上步，成为左虚步，闪身躲开对方来拳之锋芒（图 5-1）。己方用左掌向左上拨开对方来拳（图 5-2）。动作不停，己方身体重心前移，成为左弓步，同时，用左直拳向对方面部击打（图 5-3）。接着，再用右直拳向对方下颏部击打，使对方下颏受伤（图 5-4）。

**要点**：挑拨防拳要及时，左、右直拳直打对方面部要连贯、快速、准确、有力，力达拳面。

图 5-1

图 5-2

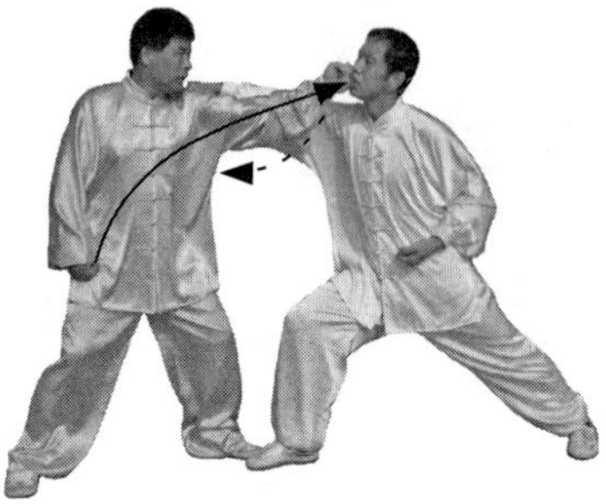

图 5-3

图 5-4

## 二、左拨防左斩颈右贯耳

对方右脚前上一步，成为右弓步，同时，用右直拳向己方面部击打；己方左脚前上步，成为左虚步，闪身躲开对方来拳之锋芒（图 5-5）。己方用左掌向左上拨开对方来拳（图 5-

6)。动作不停，己方身体重心前移，成为左弓步，同时，用左掌向对方右颈部横向斩击（图 5-7）。接着，再用右拳向对方左耳部贯击，使对方耳部受伤（图 5-8）。

**要点：**挑拨防拳要及时，左斩掌与右贯拳要连贯、快速，左掌斩颈要横向用力，力达小指侧缘，右拳贯耳要准确、有力，力达右拳拳面。

图 5-5

图 5-6

图 5-7

图 5-8

## 三、左拨防右拳左掌连续击颏

对方右脚前上一步，成为右弓步，同时，用右直拳向己方面部击打；己方左脚前上步，成为左虚步，闪身躲开对方来拳之锋芒（图 5-9）。己方用左掌向左上拨开对方来拳（图 5-10）。动作不停，己方身体重心前移，上体左转，并用右直拳击打对方下颏部（图 5-11）。接着，右脚向左脚并步，身体右转，同时右拳成勾右摆，并用左侧推掌向对方下颏部推击，使对方下颏受伤（图 5-12）。

**要点：**挑拨防拳要及时，右直拳与左推掌要连贯、快速，右直拳击打有力，力达拳面，左侧推掌要迅猛，力达左掌。

图 5-9

图 5-10

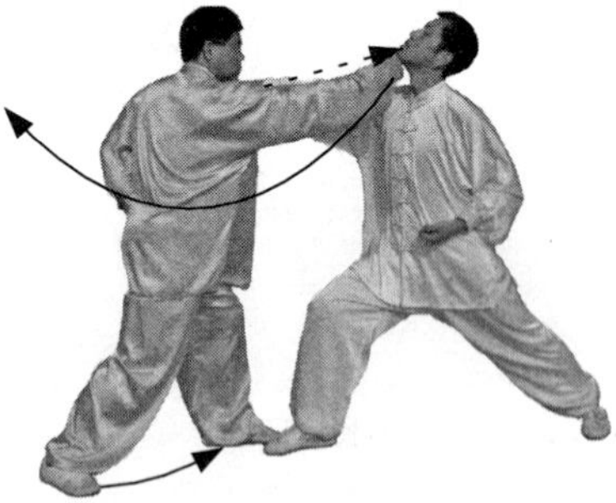

图 5-11

图 5-12

## 四、左拨防右拳贯耳左掌推颏

对方右脚前上一步，成为右弓步，同时，用右直拳向己方面部击打；己方左脚前上步，成为左虚步，闪身躲开对方来拳之锋芒（图 5–13）。己方用左掌向左上拨开对方来拳（图 5–14）。动作不停，己方身体重心前移，上体左转，并用右贯拳向对方左耳侧击打（图 5–15）。接着，己方用左侧推掌向对方下颏部推击，使对方下颏受伤（图 5–16）。

**要点：**挑拨防拳要及时，右贯拳与左侧推掌要连贯、快速，右贯拳击打有力，力达拳面，左侧推掌要迅猛，力达左掌。

图 5–13

图 5–14

图 5–15

图 5–16

## 五、横推防右拳击颈左掌斩颈

对方右脚前上一步，成为右弓步，同时，用右直拳向己方面部击打；己方左脚左前上步，成为左虚步，闪身躲开对方来拳之锋芒（图 5–17）。接着，己方用左掌向右横推开对方来拳之臂（图 5–18）。接着，己方身体左转，同时，用右直拳向对方颈部击打（图 5–19）。动作不停，己方身体右转，并用左掌向对方右颈侧横斩，使对方颈部受伤（图 5–20）。

**要点：**闪身、横推防拳要及时，右直拳击颏与左掌斩颈要连贯、快速、准确、有力，力达右拳及左掌。

图 5–17

图 5–18

图 5–19

图 5–20

## 六、捋臂防左右直拳击耳

对方左脚前上一步，成为左弓步，同时，用左拳向己方胸部击打；己方后闪身躲开对方来拳之锋芒（图 5-21）。接着，己方左手抓住对方左腕，右手黏住对方左肘，顺其来劲向左后捋领对方左臂，使对方前倾（图 5-22）。接着，己方用左直拳向对方左耳部击打（图 5-23）。动作不停，己方再用右直拳向对方左耳部击打，使对方耳部受伤（图 5-24）。

**要点：**闪身、横推防拳要及时，左、右直拳击打对方左耳部要连贯、快速、准确、有力，力达拳面。

图 5-21

图 5-22

图 5-23

图 5-24

## 七、搂防拳右翻拳左推掌连击面部

对方左脚前上一步，成为左弓步，同时，用左直拳向己方胸部击打；己方左脚前上步，闪身躲开对方来拳之锋芒（图 5-25）。接着，己方用左手向左下搂开对方左拳（图 5-26）。接着，己方用右翻背拳向对方面部砸击（图 5-27）。动作不停，己方再用左推掌推击对方面部，使对方面部受伤（图 5-28）。

**要点：**闪身、搂防要及时，右拳翻砸与左掌推面要连贯。右翻砸拳要快速、准确、猛狠，劲力顺畅，力达拳面。左推掌要有力，力达左掌。

图 5-25

图 5-26

图 5-27

图 5-28

## 八、搂防拳右左直拳击耳

对方左脚前上一步，成为左弓步，同时，用左直拳向己方胸部击打；己方左脚前上步，闪身躲开对方来拳之锋芒（图5-29）。接着，己方用左手向左下搂开对方左拳（图5-30）。接着，己方用右直拳向对方左耳部击打（图5-31）。动作不停，己方再用左直拳向对方左耳部击打，使对方耳部受伤（图5-32）。

**要点：**闪身、搂防要及时，右、左直拳击打对方左耳部要连贯、快速、准确、有力，力达拳面。

图 5-29

图 5-30

图 5-31

图 5-32

## 九、领臂防翻拳推掌连击面部

对方右脚前上一步，成为右弓步，同时，用右拳向己方胸部击打；己方闪身躲开对方来拳之锋芒（图 5-33）。接着，己方用左手接抓住对方右腕，向右后回领（图 5-34）。动作不停，己方用右翻背拳向对方右面部砸击（图 5-35）。接着，己方再用左侧推掌向对方右面部推击，使对方面部受伤（图 5-36）。

**要点：**接抓腕、领臂要及时，右翻砸拳与左侧推掌要连贯，砸、推面部要快速、准确、有力、力达拳面及手掌。

图 5-33

图 5-34

图 5-35

图 5-36

## 十、领臂压肘侧拳击耳攒拳击颏

对方右脚前上一步，成为右弓步，同时，用右直拳向己方胸部击打；己方左脚左前上步，同时，用右掌向外拨开对方来拳（图 5–37）。接着，己方右手顺势抓握对方右腕向外旋拧并向右后领拉，同时，用左臂向对方右肘关节砸击下压（图5–38）。动作不停，己方用左侧冲拳向对方右耳侧击打（图 5–39）。接着，己方身体左转，同时，用右攒拳向前上击打对方下颏，使对方下颏受伤（图 5–40）。

图 5–37

图 5–38

图 5–39

图 5–40

**要点：**拨防拳要及时，抓腕要牢，拧领与左臂压肘要一致，侧拳击耳与攒拳击颏动作要连贯、快速、准确、有力，力达拳面。

## 第二节　上中盘连击实战用法

上中盘连击是对对方上盘、中盘进行连续击打的方法，也是八极拳最常用的实战用法。

### 一、搂手防翻拳砸面左侧拳击肋

对方右脚前上一步，成为右弓步，同时，用右拳向己方胸部击打；己方左脚左拳上步，偏身防开对方来拳（图 5–41）。己方左手搂开对方右拳（图 5–42）。接着，己方用右翻背拳砸击对方右面部（图 5–43）。动作不停，己方身体右转，同时，用左侧冲拳向对方右肋部击打（图 5–44），使对方面部、肋部受伤。

**要点：**闪身、搂腕要及时，右翻拳与左侧冲拳要连贯、快速、准确、有力，力达拳背及拳面。

图 5–41

图 5–42

图 5-43

图 5-44

## 二、搂手防右拳击颈左臂靠胸

对方右脚前上一步，成为右弓步，同时，用右拳向己方胸部击打；己方左脚左前上步，偏身防开对方来拳（图 5-45）。己方左手搂开对方右拳（图 5-46）。接着，己方用右直拳向对方颈部击打（图 5-47）。动作不停，己方左脚前进步于对方右腿后侧，别绊住对方右腿，身体右转，左臂从对方胸前左伸，并用左臂向后靠击对方胸部（图 5-48），使对方颈部、胸部受伤。

**要点：**闪身、搂腕要及时，右直拳击打对方颈部要快准狠，进步要快，绊步要牢，左臂靠击对方胸部向后横向用力，横击对方胸部要有力，力达左臂。

图 5-45

图 5-46

图 5-47

图 5-48

## 三、搂手防右拳击颈左肘顶胸

对方右脚前上一步，成为右弓步，同时，用右拳向己方胸部击打；己方左脚左前上步，偏身防开对方来拳（图 5-49）。己方左手搂开对方右拳（图 5-50）。接着，己方用右直拳向对方颈部击打（图 5-51）。动作不停，己方左脚前进步于对方右腿后侧，别绊住对方右腿，并用左肘顶击对方胸部（图 5-52），使对方颈部、胸部受伤。

图 5-49

图 5-50

图 5-51

图 5-52

**要点：**闪身、搂腕要及时，右直拳击打对方颈部要快准狠，进步要快，绊步要牢，左肘击对方胸部要突然、有力，力达左肘肘尖。

## 四、搂手防右拳击头右肘顶肋

对方左脚前上一步，成为左弓步，同时，用左直拳向己方胸部击打；己方左脚左前上步，闪身躲开对方来拳之锋芒（图 5-53）。接着，己方用左手搂开对方左来拳（图 5-54）。动作

图 5-53

图 5-54

不停，己方身体左转，同时，用右拳向对方头部后脑击打（图5-55）。接着，己方右脚右侧上成马步于对方裆后，同时，用右顶肘向对方左肋部顶击（图5-56），使对方后脑部、肋部受伤。

**要点：** 闪身、搂手防拳要及时，右拳击打对方后脑要猛狠，上步要快速，上步与右顶肘要协调一致，做到步到肘至，顶肘有力，力达肘尖。

图 5-55

图 5-56

### 五、挑拨防右掌斩颈左侧拳击肋

对方左脚前上一步，成为左弓步，同时，用左拳向己方胸部击打；己方左脚左前上步，闪身躲开对方来拳之锋芒（图5-57）。接着，己方用左臂向左上挑拨开对方来拳（图5-58）。动作不停，己方左手接抓住对方左腕，向外下旋拧并向左回领，同时用右掌向对方后颈斩击（图5-59）。接着，己方上体右转，同时，用左侧冲拳向对方左肋部击打（图5-60），使对方后颈部、肋部受伤。

**要点：** 闪身、挑拨防拳要及时，左手领臂与右掌向左下劈斩要快速、准确有力，力达右掌。身体右转与左侧冲拳动作要协调一致，击打有力，力达拳面。

图 5-57

图 5-58

图 5-59

图 5-60

## 六、推臂防右拳击腮绊腿靠胸摔

对方左脚前上一步，成为左弓步，同时，用左直拳向己方胸部击打；己方左脚前上步，闪身躲开对方来拳之锋芒（图5-61）。接着，己方左脚继续前上步于对方左腿外后侧，别绊住其腿，同时，用左掌向前推开对方左臂（图5-62）。动作不停，己方用右拳向对方左腮部击打（图5-63）。接着，己方右手接抓住对方左腕向右后回领，左臂从对方胸前向右伸过，并用左臂向前下横击对方胸部，使对方后倒（图 5–64）。

**要点：**闪身要及时，上步要快速，绊腿要牢固，上步与左掌前推对方左臂要一致，右拳击打对方左腮要快速、准确、有力，力达右拳。左臂前下靠击对方胸部与右手抓腕领臂要协调一致，左臂靠胸要迅猛。

图 5–61

图 5–62

图 5–63

图 5–64

## 七、领臂斜靠击面右拳击肋

对方右脚右侧上步，成为马步，同时，用右侧冲拳向己方腹部击打；己方左脚里收半步，同时，用右手接抓住对方右来拳腕回领其右臂（图 5-65）。接着，己方左脚前上一步，于对方右腿后别绊住对方右腿，左上臂向前、向右靠对方右上臂（图 5-66）。动作不停，己方用左臂向左后靠击对方胸部，并屈左臂用左掌背向后扇击对方面部（图 5-67）。接着，己方用右直拳向对方右肋部击打（图 5-68），使对方面部、肋部受伤。

**要点：** 接抓腕要及时，领臂与右臂向前靠对方右上臂要一致，左掌以掌背为力点，向后扇击对方面部，扇击要有力，力达左掌背，右拳击打对方右肋要快速、准确、有力，力达右拳拳面。

图 5-65

图 5-66

图 5-67

图 5-68

## 八、架挡防右攒拳击颏左肘顶胸

对方右脚前上一步，成为右弓步，同时，用右直拳向己方胸部击打；己方左脚左前上步，闪身躲开对方来拳之锋芒（图 5-69）。接着，己方用左臂向左上架挡开对方右来拳（图 5-70）。动作不停，己方身体左转，同时，用右攒拳向前上击打对方下颏部（图 5-71）。接着，己方身体右转，同时，用左肘顶击对方胸部（图 5-72），使对方下颏、胸部受伤。

**要点：**闪身、架挡来拳要及时，攒拳击打对方下颏要快速、准确、有力，力达拳面，左肘顶击对方胸部要猛狠。

图 5-69

图 5-70

图 5-71

图 5-72

## 九、架挡防右攒拳击颏右膝撞胸

对方右脚前上一步，成为右弓步，同时，用右直拳向己方胸部击打；己方左脚左前上步，闪身躲开对方来拳之锋芒（图5–73）。接着，己方用左臂向左上架挡开对方右来拳（图5–74）。动作不停，己方身体左转，同时，用右攒拳向前上击打对方下颏部（图5–75）。接着，己方左腿支撑身体，同时，用右手扳住对方后颈向右下扳按，并用右膝向上撞击对方胸部（图5–76），使对方下颏、胸部受伤。

图 5–73

图 5–74

图 5–75

图 5–76

**要点：** 闪身、架挡来拳要及时，攒拳击打对方下颏要快速、准确、有力，力达拳面，支撑腿要稳，右手扳按对方后颈与右膝上顶撞要协调一致，撞胸要猛狠。

## 十、架挡防左插掌刺喉右掌击肋

对方左脚前上一步，成为左弓步，同时，用左直拳向己方胸部击打；己方左脚左前上步，闪身躲开对方左来拳（图 5–77）。接着，己方用左掌向左上挑拨开对方左来拳（图 5–78）。接着，己方右脚前上一步于对方左脚后，绊住对方左腿，同时，用左掌向前上插掌戳击对方喉部（图 5–79）。接着，己方身体左转，成为马步，同时，左臂左摆，并用右掌向对方腹部侧击（图 5–80），使对方喉部、腹部受伤。

图 5–77

图 5–78

图 5-79

图 5-80

**要点：**闪身、架挡来拳要及时，左插掌击喉与右掌击腹要连贯，刺喉要准确、有力，力达掌尖，右掌击腹要迅猛，力达右掌。

# 第三节　上下盘连击实战用法

上下盘连击是对对方上盘、下盘进行连续击打的方法，也是八极拳最常用的实战用法。

## 一、搂手防右攒拳击颏右脚踩膝

对方右脚前上一步，成为右弓步，同时，用右拳向己方胸部击打；己方左脚左前上步，偏身防开对方来拳（图 5-81）。己方左手搂开对方右拳（图 5-82）。接着，己方用右攒拳向对方下颏部击打（图 5-83）。动作不停，己方左腿支撑身体，同时，用右脚向对方右膝关节侧下踩击（图 5-84），使对方下颏、右膝关节受伤。

**要点：**闪身、搂腕要及时，右攒拳击打对方下颏部要快准狠，右腿踩击对方右膝关节要快速、准确、有力，力达右拳、右脚。

图 5-81

图 5-82

图 5-83

图 5-84

## 二、抓腕领臂防刺颈勾脚挑踢

对方右脚前上一步，成为右弓步，同时，用右直拳向己方胸部击打；己方左脚左前上步，闪身躲开对方来拳之锋芒（图5-85）。接着，己方用右手接抓住对方右腕（图5-86）。己方右手向外旋拧并向右后领拉其右臂，同时，左脚前上步于对方右腿后侧，并用左掌向对方颈部插击（图5-87）。动作不停，己方右腿支撑身体，同时，用左腿向前上勾脚挑踢对方右腿，并用左掌向左后推拍对方右肩、胸，使对方向左后摔（图5-88）。

图 5-85

图 5-86

图 5-87

图 5-88

**要点：**闪身要及时，抓腕要牢固，领臂、上步与左掌刺颈要协调一致，刺喉要快速、准确、有力，力达左掌掌尖。挑踢时，支撑腿要稳，左腿勾脚挑踢与左掌左下按对方右肩、胸要协调，同时用力，左腿挑踢对方右腿要迅速、猛狠。

## 三、推腕扳肘反拧折臂右脚踩膝

对方右脚前上一步，成为右弓步，同时，用右直拳向己方胸部击打；己方左脚左前上步，并用左臂向上挑架开对方来拳（图 5–89），顺势抓住对方右腕，向前下反拧，右手从对方右臂下扳住对方右肘，向里回拉对方右肘（图 5–90）。动作不停，己方两手推拧扳拉反折对方右臂（图 5–91）。接着，己方左腿支撑身体，同时，用右脚踩击对方右膝关节（图 5–92），使对方右肘、右膝关节受伤。

**要点：**挑架对方来拳要及时，推腕拉肘反拧折臂要有力，左腿支撑要稳，右脚踩击对方右膝关节要快速、准确、有力，力达右脚。

图 5–89

图 5–90

图 5-91

图 5-92

## 四、推腕扳肘反拧折臂左脚踩膝

对方右脚前上一步，成为右弓步，同时，用右直拳向己方胸部击打；己方左脚左前上步，己方用左臂向上挑架开对方来拳（图 5-93），顺势抓住对方右腕，向前下反拧，右手从对方右臂下扳住对方右肘，向里回拉对方右肘（图 5-94）。动作不停，己方两手推拧扳拉反折对方右臂（图 5-95）。接着，己方右腿支撑身体，同时，用左脚踩击对方右膝关节（图 5-96），使对方右肘部、右膝关节受伤。

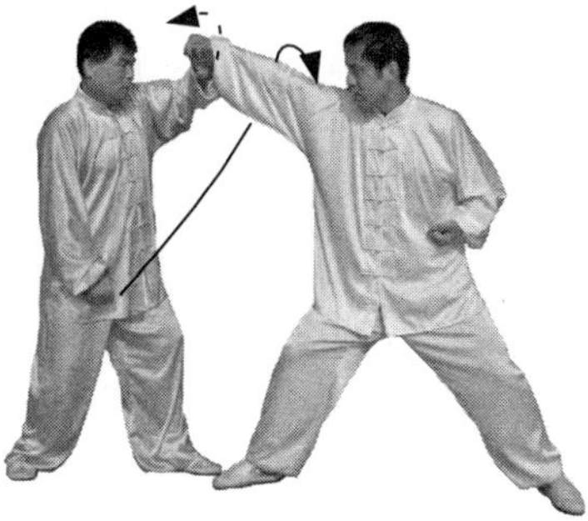

图 5-93

图 5-94

图 5–95

图 5–96

**要点：**挑架对方来拳要及时，推腕拉肘反拧折臂要有力。右腿支撑要稳，左脚踩击对方右膝关节要快速、准确、有力，力达左脚。

## 五、挑拨防领臂贯拳击耳右脚踩膝

对方左脚前上一步，成为左弓步，同时，用左拳向己方胸部击打；己方左脚左前上步，同时，闪身躲开对方来拳之锋芒（图 5–97）。接着，己方用左掌向左上挑拨开对方左来拳（图 5–98）。己方身体左转，左手向左后回领对方左臂，同时，己方用右贯拳向对方左耳侧贯击（图 5–99）。动作不停，己方右手按固对方左肩部，同时，用右腿向对方左膝关节踩击，使对方膝关节受伤（图 5–100）。

**要点：**闪身、挑拨对方来拳要及时，右拳向对方左耳部贯击。挑踢时，支撑腿要稳，己方右勾脚挑踢腿要快速、有力，力达右腿。

图 5-97

图 5-98

图 5-99

图 5-100

## 六、挑拨防领臂贯拳击耳右脚挑踢

对方左脚前上一步，成为左弓步，同时，用左拳向己方胸部击打；己方左脚左前上步，同时，闪身躲开对方来拳之锋芒

（图 5–101）。接着，己方用左掌向左上挑拨开对方左来拳（图 5–102）。己方身体左转，左手向左后回领对方左臂，同时，己方用右贯拳向对方左耳侧贯击（图 5–103）。动作不停，己方右手向右后击对方胸部，同时，用右勾腿向前上挑踢对方左腿，使对方后倒（图 5–104）。

**要点：**闪身、挑拨对方来拳要及时，右拳向对方左耳部贯击，支撑腿要稳，己方右掌向后拍对方胸部与右腿挑踢对方左腿要协调一致，挑踢腿要快速、有力，力达右腿。

图 5–101

图 5–102

图 5-103

图 5-104

## 七、闪身双捋双拳击头勾腿挑踢

对方右脚前上一步，成为右弓步，同时，用右拳向己方胸部击打；己方右脚右后退步，闪身躲开对方来拳之锋芒（图 5-105）。己方双手接抓住对方腕臂顺对方之来拳之劲向里捋带对方右臂（图 5-106）。接着，己方用双拳向对方面侧击打（图 5-107）。动作不停，己方右脚支撑身体，同时，用两掌向左后拍击对方胸部，并用左勾脚向前上挑踢对方右腿，使对方后摔（图 5-108）。

图 5-105

图 5-106

图 5-107

图 5-108

**要点**：闪身要及时，双手回捋对方右臂要顺其来拳之劲，双拳击面要突然、准确、猛狠。双手拍胸与左腿挑踢对方右腿要协调一致，左勾腿挑踢要快速、有力，力达左腿。

## 八、闪身挑拨防直拳击面右腿踢裆

对方右脚前上一步，成为右弓步，同时，用右拳向己方胸部击打；己方左脚左前上步，同时，闪身躲开对方来拳之锋芒（图 5-109）。接着，己方用左掌向左上挑拨开对方左来拳（图 5-110）。己方身体左转，同时用右直拳向对方面部击打（图

图 5-109

图 5-110

5-111)。动作不停，己方左腿支撑身体，同时，用右腿向对方裆部弹踢，使对方裆部受伤（图 5-112)。

**要点：**闪身、挑拨对方来拳要及时，右直拳击打对方面部要快速、准确、有力。弹踢时，支撑腿要稳，右腿弹踢对方裆部要准狠，力达右脚脚尖。

图 5-111

图 5-112

## 九、闪身挑拨防贯拳击耳左腿挑踢

对方右脚前上一步，成为右弓步，同时，用右拳向己方胸部击打；己方左脚左前上步，同时，闪身躲开对方来拳之锋芒（图 5-113)。接着，己方用左掌向左上挑拨开对方左来拳（图 5-114)。己方身体左转，同时用右勾拳向对方面部左耳部贯击（图 5-115)。动作不停，己方右腿支撑身体，同时，用左腿向对方右腿勾脚挑踢，使对方向左后倒（图 5-116)。

**要点：**闪身、挑拨对方来拳要及时，右贯拳击打对方左耳部要快速、准确、有力。挑踢时，支撑腿要稳，左勾脚挑踢对方右腿要迅疾、猛狠，力达左腿。

图 5-113

图 5-114

图 5-115

图 5-116

## 十、挑架防跪膝击裆

对方右脚前上一步，成为右弓步，同时，用右直拳向己方胸部击打；己方左脚左前上步，闪身躲开对方右拳（图 5-117）。接着，己方用左掌向左上拨开对方之来拳（图 5-118）。动作不停，己方左臂前压对方右上臂，同时用左脚扣住对方右脚后跟，左膝向前下跪压对方右小腿（图 5-119），并用右拳向对方裆部击打，使对方裆部受伤（图 5-120）。

**要点：**闪身、挑架对方右拳要及时，推臂、扣脚跪膝要一致，扣脚要牢，跪膝有力，右拳击打对方裆部要快速、准确、有力，力达右拳拳面。

图 5–117

图 5–118

图 5–119

图 5–120

## 十一、挑架防扳脚推膝揽背

对方右脚前上一步，成为右弓步，同时，用右直拳向己方胸部击打；己方左脚左前上步，闪身躲开对方右拳（图 5–121）。接着，己方用左掌向左上拨开对方之来拳（图 5–122）。动作不停，己方身体下潜，同时，用左手扳住对方右脚后跟回拉，并用右掌向前下推按对方右膝关节（图 5–123）。接着，己方右手继续用力前下按对方右膝，同时，用左手回揽对方后背，使对方右膝受伤（图 5–124）。

**要点：**闪身、挑架对方右拳要及时，潜身要快速，扳脚推按膝要协调一致，推膝要反其关节，揽背里拉要有力。

图 5-121

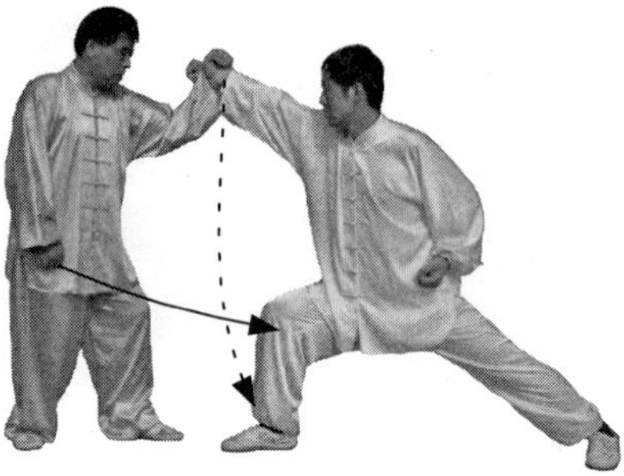

图 5-122

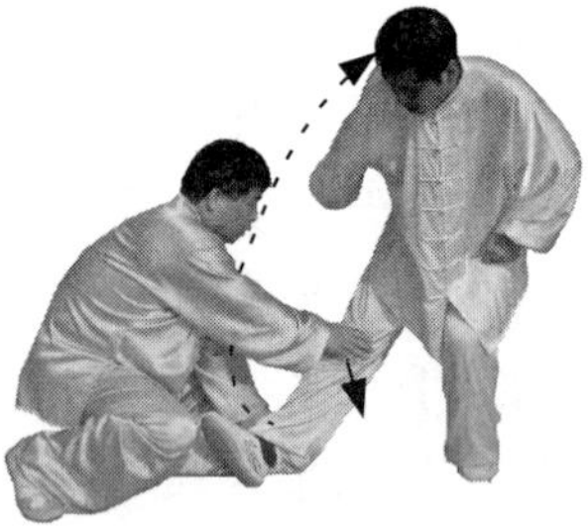

图 5-123

图 5-124

## 十二、压臂防翻拳砸面勾脚挑踢

对方左脚前上一步，成为左弓步，同时，用左拳向己方胸部击打；己方右脚前上步于对方左腿后侧，闪身躲开对方来拳之锋芒（图 5-125）。接着，己方身体左转，同时，用右拳臂向左下压开对方左臂（图 5-126）。动作不停，己方身体右转，并用右翻臂拳向对方面部击打（图 5-127）。接着，己方左腿支撑身体，同时，用右臂向右后下压按对方胸部，并用右勾脚挑踢对方左腿，使对方后倒（图 5-128）。

图 5-125

图 5-126

图 5-127

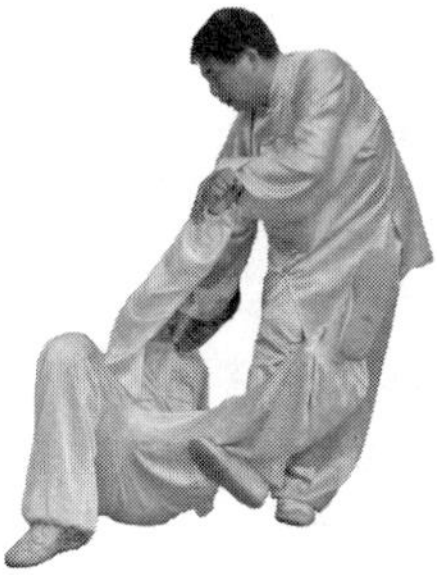

图 5-128

**要点：**压臂防拳要及时，右拳翻砸对方面部。右臂右下按压与右勾脚挑踢对方左腿要协调一致，挑踢腿要快速、有力，力达右腿。

## 第四节　中盘两连击实战用法

中盘两连击是对中盘两次连续击打的方法，也是八极拳最常用的实战用法。

### 一、左挑防右左两拳击肋

对方右脚前上一步，成为右弓步，同时，用右直拳向己方胸部击打；己方左脚左前上步，闪身躲开对方右拳（图 5-129）。接着，己方用左掌向左上拨开对方之来拳（图 5-130）。动作不停，己方上体左转，同时，用右直拳向对方右肋部击打（图 5-131）。接着，己方身体右转，成为马步，同时，用左侧冲拳向对方右肋部击打（图 5-132），使对方肋部受伤。

**要点：**闪身、挑架防拳要及时，右、左两拳击打对方右肋部要连贯、快速、准确、有力，力达两拳拳面。

图 5-129

图 5-130

图 5–131

图 5–132

## 二、格挡防侧拳击肋上架击肋

对方左脚前上一步，成为左弓步，同时用左拳向己方胸部击打；己方左脚左前上步，闪身躲开对方来拳之锋芒（图 5–133）。接着，己方用左臂向右横格开对方来拳（图 5–134）。动作不停，己方用左侧冲拳向对方左肋部击打（图 5–135）。接着，己方左臂向上挑架开对方左拳，己方用右直拳向对方左肋部击打（图 5–136），使对方肋部受伤。

**要点：**闪身要及时，左臂横格对方左臂要横向用力，以横破直，左侧冲拳击肋要快速，左臂左上挑架与右拳击肋要协调一致，右拳击肋要迅疾、有力，力达右拳拳面。

图 5–133

图 5–134

图 5-135

图 5-136

## 三、领臂靠肘左臂靠胸右拳击腹

对方右脚前上一步，成为右弓步，并用右冲拳向己方腹部击打；己方左脚里收步，同时，己方用右手接抓住对方右腕回领右臂（图 5-137）。接着，己方左脚前上一步于对方右腿后侧别绊住对方右腿，同时，用左臂向前靠对方右肘（图 5-138）。动作不停，己方上体左转，同时，用左臂向左后横击对方胸部（图 5-139）。接着，己方上体继续左转，同时，用右直拳向对方腹部击打（图 5-140），使对方胸部、腹部受伤。

图 5-137

图 5-138

图 5–139

图 5–140

**要点：**己方右手接抓回领对方右腕臂要及时，左臂靠击对方右肘要反其关节，靠击有力，左臂向左后横击对方胸部要横向用力，右拳击对方腹部要快速、准确、有力，力达右拳拳面。

## 四、领臂左肩扛肋架臂右拳击肋

对方左脚前上一步，成为左弓步，同时，用左拳向己方腹部击打；己方左脚里收步，右手接抓住对方左拳腕回领左臂（图 5–141）。接着，己方左脚左上一步于对方裆前，上体右转，并用左臂向前靠撞（图 5–142）。动作不停，己方用左肩向左扛撞对方左肋部（图 5–143）。接着，己方左臂向左上挑

图 5–141

图 5–142

架对方左臂，并用右拳向对方左肋部击打（图 5–144），使对方肋部受伤。

**要点：**接抓腕要及时，领臂与左臂靠击对方左上臂要一致。左肩靠击对方左肋要猛狠，左臂架挡对方左臂与右拳击对方左肋要同时，右拳击打对方肋部要快速、准确、有力，力达右拳拳面。

图 5–143

图 5–144

## 五、左挑防左肘顶胸揽腰掐胸

对方右脚前上一步，成为右弓步，同时，用右直拳向己方胸部击打；己方左脚左前上步，闪身躲开对方右拳锋芒（图 5–145）。接着，己方用左掌向左上拨开对方之来拳（图 5–146）。动作不停，己方左脚前上一步于对方右腿后别绊住对方右腿，同时，用左肘向对方胸部顶击（图 5–147）。接着，己方左臂从对方后腰伸过揽抱住对方后腰，并用右掌向对方胸部掐击，使对方后摔（图 5–148）。

**要点：**闪身、挑拨防拳要及时，进步要快速，别绊腿要牢固，左肘顶击对方胸部要猛狠，揽抱腰要紧，右掌掐胸要有力，左右两手相对用力，力达两手。

图 5-145

图 5-146

图 5-147

图 5-148

## 六、左挑防左肘顶胸右肘撞腹

对方右脚前上一步，成为右弓步，同时，用右直拳向己方胸部击打；己方左脚左前上步，闪身躲开对方右拳锋芒（图 5-149）。接着，己方用左掌向左上拨开对方之来拳（图 5-150）。动作不停，己方左脚前上一步于对方右腿后别绊住对方右腿，同时，用左肘向对方胸部顶击（图 5-151）。接着，己方右臂屈肘向下撞击对方腹部（图 5-152），使对方胸部、腹部受伤。

**要点：**闪身、挑拨防拳要及时，进步要快速，别绊腿要牢固，左肘顶击对方胸部要猛狠，揽抱腰要紧，右掌掐胸要有力，左右两手相对用力，力达两手。

图 5-149

图 5-150

图 5-151

图 5-152

## 七、捧封右掌斩肋左掌侧击肋

对方右脚前上一步，成为右弓步，同时，用右贯拳向己方左耳部击打（图 5-153）；己方上体左转，同时，用双手向左上捧封对方右臂（图 5-154）。接着，己方左手抓住对方右腕，向左回领对方右臂，同时，己方用右掌向右横力斩对方右肋部（图 5-155）。动作不停，己方上体右转，右掌向右摆，同时，用左掌向左侧推击对方右肋部（图 5-156），使对方肋部受伤。

**要点：** 捧封要及时，右掌斩肋要快猛，左掌撑推对方右肋要快速、有力，力达左掌。

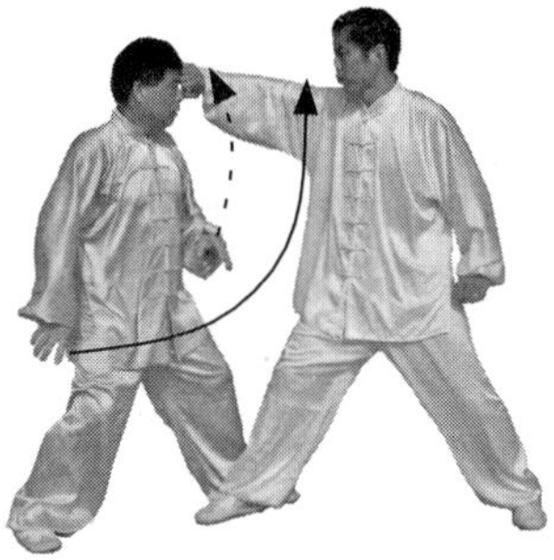

图 5-153

图 5-154

图 5-155

图 5-156

## 八、捧封右掌斩肋左臂靠胸

对方右脚前上一步，成为右弓步，同时，用右贯拳向己方左耳部贯击（图 5-157）；己方上体左转，同时，用双手向左上捧封对方右臂（图 5-158）。接着，己方左手抓住对方右腕，向左回领对方右臂，同时，己方用右掌向右横力斩对方右肋部（图 5-159）。动作不停，己方上体右转，右掌向右摆，同时，用左臂从对方胸部左侧穿过并向左后横击对方胸部，使对方后倒（图 5–160）。

**要点：**捧封要及时，右掌斩肋要快猛，左臂靠击对方胸部要横向用力，撞击要有力，力达左臂。

图 5–157

图 5–158

图 5–159

图 5–160

## 九、捧封左掌击腹左上架右拳击腹

对方右脚前上一步，成为右弓步，同时，用左直拳向己方胸部击打；己方左脚左前上步，闪身躲开对方来拳之锋芒（图5–161）。接着，己方用两手向右上捧封住对方左来拳（图5–162）。动作不停，己方用右手向右上回领对方左臂，并用左掌击对方腹部（图5–163）。接着，己方上体左转，用左手挑架开对方左臂，腾出右掌向对方腹部击打（图5–164），使对方腹部受伤。

**要点：**捧封对方来拳要及时，左掌击腹与右掌右上领臂要同时，左掌击腹要有力。左掌上架要快，右掌推腹要猛狠。

图 5–161

图 5–162

图 5–163

图 5–164

## 十、横拍防右拳击胸提膝撞腹

对方右脚前上一步，成为右弓步，同时，用右拳向己方胸部击打；己方左脚左前上步，闪身躲开对方来拳之锋芒（图5-165）。接着，己方身体右转，同时，用左掌向前横拍对方右臂（图5-166）。动作不停，己方身体左转，同时，用右直拳向对方胸部击打（图5-167）。接着，己方左腿支撑身体，同时，提右膝向对方腹部顶撞（图5-168），使对方胸部、腹部受伤。

图 5-165

图 5-166

图 5-167

图 5-168

**要点：**闪躲要及时，横拍防要横向用力，右直拳向对方胸部击打要快速、有力，力达右拳。撞膝时，支撑腿要稳，右膝向上提撞对方腹部要迅猛，力达右膝。

## 十一、闪防右左两拳击肋

对方左脚前上一步，成为左弓步，同时，用左直拳向己方胸部击打；己方右脚右后撤步（图 5–169）。动作不停，己方向右偏身躲开对方左来拳（图 5–170）。接着，己方上体左转，同时，用右直拳向对方左肋部击打（图 5–171）。接着，己方上体右转，同时，用左侧冲拳向对方左肋部击打（图 5–172），使对方肋部受伤。

**要点：**闪身要及时，右、左拳击打对方左肋要连贯、快速、准确、有力，力达拳面。

图 5–169

图 5–170

图 5-171

图 5-172

## 十二、挡防推腕扳肘斩腹顶胸

对方右脚前上一步，成为右弓步，同时，用右拳向己方面部击打；己方左脚前上步，同时，用左臂挡住对方右拳（图5-173）。接着，己方右手从对方右肘下扳住对方右肘（图5-174）。动作不停，己方右掌回拉对方右肘，同时，左手向下推拧对方右腕，使对方右臂被反折受制（图5-175）。接着，己方左臂顺势缠夹住对方右臂（图5-176）。动作不停，己方用右掌向对方腹部横击（图5-177）。接着，己方上体右转，同时，用左肘向对方胸部顶击（图5-178），使对方腹部、胸部受伤。

**要点**：挡防对方右拳要及时，两手反拧折臂要快速、有力，缠臂要紧，右掌横击对方腹部与左肘顶击对方胸部要连贯、迅猛，劲力顺过，力达右掌及左肘。

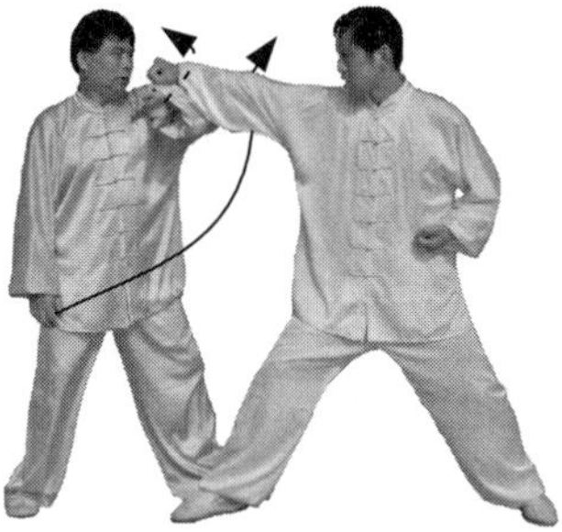

图 5-173

图 5-174

图 5-175

图 5-176

图 5-177

图 5-178

## 十三、夹腕别肘右拳肘连续击肋

对方左脚前上一步，成为左弓步，同时，用左拳向己方胸部击打，己方用右手向右横拍开对方来拳（图 5–179）。接着，己方左脚前上一步，同时，用左腋夹住对方左腕（图 5–180），动作不停，己方左前臂从对方左臂下、左肘外侧向上反别对方左肘关节（图 5–181）。接着，己方用右拳向对方左肋部击打（图 5–182）。动作不停，己方右脚前上步，同时，用右肘向右顶击对方左肋部，使对方肋部受伤（图 5–183）。

图 5–179

图 5–180

图 5–181

图 5–182

图 5-183

**要点：** 右掌横向拍对方左臂要及时，夹腕要紧，反别肘要反其关节，右拳击肋要快速、有力，力达右拳拳面。上步与右顶肘要协调一致，顶肘要迅猛，劲力顺达，力达右肘。

## 十四、夹腕别肘顶肘击肋横臂靠胸

对方左脚前上一步，成为左弓步，同时，用左拳向己方胸部击打，己方用右手向右横拍开对方来拳（图 5-184）。接着，己方左脚前上一步，同时，用左腋夹住对方左腕（图 5-185），动作不停，己方左前臂从对方左臂下、左肘外侧向上反别对方左肘关节（图 5-186）。接着，己方右脚前上一步，同时，用右肘向对方左肋部顶击（图 5-187）。动作不停，己方右臂从对方胸前右穿，并向右后靠击，使对方后倒（图 5-188）。

**要点：** 右掌横向拍对方左臂要及时，夹腕要紧，反别肘要反其关节。上步与右顶肘要协调一致，右臂靠胸要迅猛，劲力顺达，力达右臂。

图 5-184

图 5-185

图 5-186

图 5-187

图 5-188

## 十五、领臂压肘左肘顶肋右拳击背

对方右脚前上一步，成为右弓步，同时，用右拳向己方胸部击打；己方左脚左前上步，用右手黏住对方右腕（图 5-189）。

接着，己方右手抓握住对方右腕向外旋拧并向右后回领其右臂，并用左臂向前下压对方右肘关节（图 5–190）。动作不停，己方用左肘向左横击对方右肘（图 5–191）。接着，己方用右拳向对方后背砸击（图 5–192），使对方右肋、后背受伤。

**要点：** 抓腕领臂要及时，左臂向前下压对方右肘关节，左肘顶击对方右肋与右拳砸背动作要连贯、快速、有力，力达右拳。

图 5–189

图 5–190

图 5–191

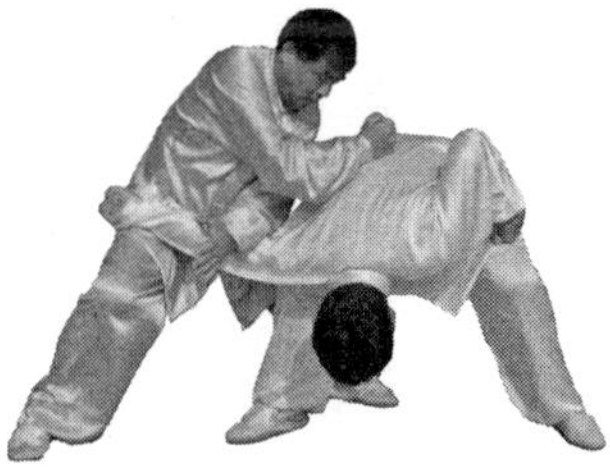

图 5–192

## 十六、领臂压肘左肘连砸背

对方右脚前上一步，成为右弓步，同时，用右拳向己方胸部击打；己方左脚左前上步，用右手黏住对方右腕（图 5–193）。

接着，己方右手抓握住对方右腕向外旋拧并向右后回领其右臂，同时用左臂向前下压对方右肘关节（图 5–194）。动作不停，己方用左肘向对方后背顶砸（图 5–195），接着，用左肘再次向对方后背顶砸，使对方后背受伤（图 5–196）。

**要点：** 抓腕领臂要及时，左臂向前下压对方右肘关节，左肘连续顶击对方后背要连贯、快速、有力，力达左肘肘尖。

图 5–193

图 5–194

图 5–195

图 5–196

## 十七、两臂外分后挂防右左膝顶腹

对方左脚前上一步，成为左弓步，同时，用两拳向己方胸部击打；己方吞身防开对方两拳锋芒，同时，两臂从对方两臂外侧向上、向里抬起（图 5–197）。接着，己方两手从对方两臂内侧外分并后挂对方两臂（图 5–198）。动作不停，己方左腿支撑身体，同时，提右膝向对方腹部顶撞（图 5-199）。接着，己方右脚下落，支撑身体，同时，上提左膝，向对方腹部撞击，使对方腹部受伤（图 5-200）。

图 5-197

图 5-198

图 5-199

图 5-200

**要点：** 吞身要及时，两臂外分后挂对方两臂要顺其来拳之劲，接着，用两膝向对方腹部撞击，撞击要迅疾、有力，力达膝端。

## 十八、刁腕领臂左右拐肘击腹肋

对方左脚前上一步，成为左弓步，同时，用左直拳向己方胸部击打；己方左脚左前上步，偏身躲过对方左来拳（图 5-201）。接着，己方用左脚前上半步，同时用左手向外刁抓搂开对方左来拳（图 5-202）。动作不停，己方左手向左领对方左臂，同时，用右拐肘横击对方左肋部（图 5-203）。接着，己方上体右转，同时，用左肘向右横拐击对方腹部（图 5-204），使对方肋部、腹部受伤。

**要点：** 闪身、刁抓腕要及时，领臂与右拐肘要一致，右、左拐肘要连贯、快速、有力，力达两肘。

图 5-201

图 5-202

图 5-203

图 5-204

## 十九、斩臂防左侧拳击肋右冲拳击肋

对方右脚前上一步，成为右弓步，同时，用右拳向己方胸部击打；己方左脚左前上步，闪身躲开对方来拳之锋芒（图5-205）。接着，己方右脚前上一步，左脚屈膝提起，同时，用左臂向左下斩压对方右腕（图5-206）。动作不停，己方左脚左上步于对方右腿后侧，成为马步，同时，用左侧冲拳向对方右肋部击打（图5-207）。接着，己方上体左转，同时用右拳向对方右肋部击打（图5-208），使对方肋部受伤。

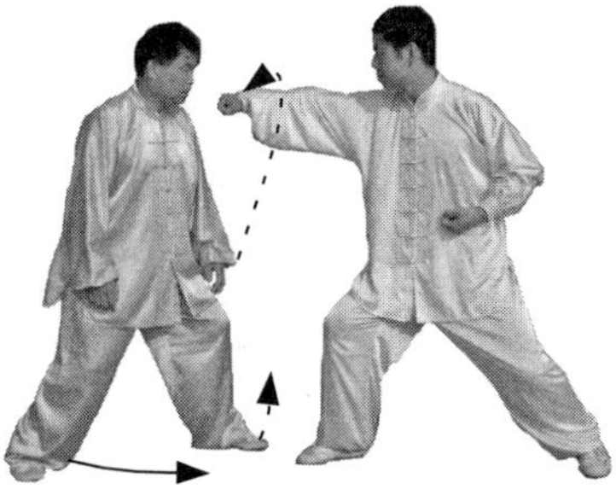

图 5-205

图 5-206

图 5-207

图 5-208

**要点：**闪身要及时，上步提膝斩压腕向左下用力，上步与左侧冲拳要一致，左侧冲拳与右直拳要连贯、快速、准确、有力，力达拳面。

## 二十、双压防推臂拐肘击腹

对方右脚前上一步，成为右弓步，同时，用右直拳向己方胸部击打；己方用两手从对方右臂外侧黏住对方右臂（图 5-209）。接着，己方左脚左上一步于对方右腿后，别绊住对方右腿，同时，两手向下压开对方右来拳之臂（图 5-210）。动作

图 5-209

图 5-210

不停，己方两手向左挤推对方右臂（图 5–211）。接着，己方上体左转，迅速用右肘向左横向拐击对方腹部，使对方腹部受伤(图 5–212)。

**要点：**双手下压防要及时，两手挤推对方右臂要有力，挤推臂与右肘拐击对方腹部要连贯、快速、准确、有力，力达两手及右肘。

图 5–211

图 5–212

## 二十一、领臂压肘右搡拳击裆

对方左脚前上一步，成为左弓步，同时，用左拳向己方胸部击打；己方左脚前上步，闪身躲开对方来拳之锋芒（图 5–213）。接着，己方左手刁抓住对方左腕（图 5–214），向左领臂，同时，右脚上步，右肘从对方左肘关节上方向下压砸对方左肘（图 5–215）。对方后撤左脚，回抽左臂；己方左脚经右腿后向右插步，同时，用右拳向对方裆部搡击，使对方裆部受伤（图 5–216）。

**要点：**闪身、刁腕要及时，领臂、上步、压肘要协调一致，上步要快速，压肘要反肘关节，插步与右搡拳要协调，搡拳击裆要快速、准确、有力，力达右拳。

图 5-213

图 5-214

图 5-215

图 5-216

## 二十二、架挡防右肘顶胸左肘靠腹

对方左脚前上一步，成为左弓步，同时，用左直拳向己方面部击打；己方右脚前上一步于对方左脚外后侧，绊住对方左腿，同时，用右臂向右上架挡开对方来拳（图 5-217）。接着，己方用右肘向对方胸部顶击（图 5-218）。动作不停，己方用右臂向前经对方胸前右伸，左手从对方后腰抄抱住对方后腰，使其不能动弹（图 5-219）。接着，己方左肘向前下压靠对方腹部（图 5-220），使对方胸部、腹部受伤。

**要点：**挡架对方来拳要及时，进步要快速，扣腿要牢，右肘顶胸与左肘压靠对方腹部要连贯、快速、有力，力达两肘。

图 5–217

图 5–218

图 5–219

图 5–220

## 二十三、双压臂双挑臂靠肋摔

对方右脚前上一步，成为右弓步，同时，用右拳向己方胸部击打；己方左脚里收半步，吞身躲开对方右拳（图 5–221）。接着，己方左脚前上半步，绊住对方右腿，同时，两臂向前下压对方右臂（图 5–222）。对方左拳向己方面部击打（图 5–223）；己方用两臂左上挑对方左臂，并用左臂向左靠撞左肋部，使对方后摔（图 5–224）。

**要点：**吞身防拳要及时，两臂前下压防对方右来拳，左脚左前上一步别绊住对方右腿，两臂左上挑要快速，挑臂与左靠其胸要一气呵成，左臂靠胸要有力，力达两臂。

图 5–221

图 5–222

图 5–223

图 5–224

## 二十四、双压臂绊腿双挑臂摔

对方右脚前上一步，成为右弓步，同时，用右拳向己方胸部击打；己方左脚左前上步，偏身躲开对方右拳（图 5–225）。接着，己方左脚前上半步，绊住对方右腿，同时，两臂向前下压对方右臂（图 5–226）。对方左拳向己方胸部击打（图 5–227）；己方用两臂左上挑对方左臂，使对方后摔（图 5–228）。

**要点：**吞身防拳要及时，两臂前下压防对方右来拳，左脚左前上一步别绊住对方右腿，两臂左上挑要快速、有力，力达两臂。

图 5-225

图 5-226

图 5-227

图 5-228

# 第五节　中上盘连击实战用法

中上盘连击是对对方中盘、上盘进行连续击打的方法，也是八极拳最常用的实战用法。

## 一、挑拨防右拳击腹左掌击面

对方右脚前上一步，成为右弓步，同时，用右直拳向己方面部击打；己方左脚左前上步，闪身躲开对方来拳之锋芒（图 5-229）。己方用左掌向左上挑拨开对方来拳（图 5-230）。己方左脚前上步于对方右腿外后侧，挂住对方右腿，同时，上体左转并用右拳向对方腹部击打（图 5-231）。接着，己方上体右转，同时，用左掌向对方面侧推击（图 5-232），使对方腹部、面部受伤。

**要点：**挑拨防拳要及时，右拳击腹与左掌击面要连贯、快速、准确、有力，力达右拳及左掌。

图 5-229

图 5-230

图 5-231

图 5-232

## 二、左臂格防左肘顶胸右掌推面

对方右脚前上一步，成为右弓步，同时用左拳向己方胸部击打；己方左脚左前上步，闪身躲开对方来拳之锋芒（图 5-233）。接着，己方左脚前上步于对方右腿外侧，挂住对方右腿，同时，用左臂向右前横格挡开对方左来拳（图 5-234）。动作不停，己方左脚继续左上，同时，用左肘向左顶击对方腹部（图5-235）。接着，己方上体左转，同时，用右掌向对方面部推击（图 5-236），使对方胸部、面部受伤。

**要点：**闪身、横格挡防要及时，左肘顶胸与右推掌击面要连贯、快速、准确、有力，力达左肘与右掌。

图 5-233

图 5-234

图 5-235

图 5-236

## 三、左臂格防左臂击肋右拳攒颏

对方右脚前上一步，成为右弓步，同时用左拳向己方胸部击打；己方左脚左前上步，闪身躲开对方来拳之锋芒（图 5-237）。接着，己方左脚前上步于对方右腿外侧，挂住对方右腿，同时，用左臂向右前横格挡开对方左来拳（图 5-238）。动作不停，己方用左臂从对方左腋下向对方左肋部横击（图 5-239）。接着，己方上体左转，同时，用右攒拳向对方下颏部攒打，使对方下颏受伤（图 5-540）。

**要点：**闪身、横格挡防要及时，左臂横击对方左肋与右攒拳击打对方下颏部要连贯、快速、准确、有力，力达左臂与右拳拳面。

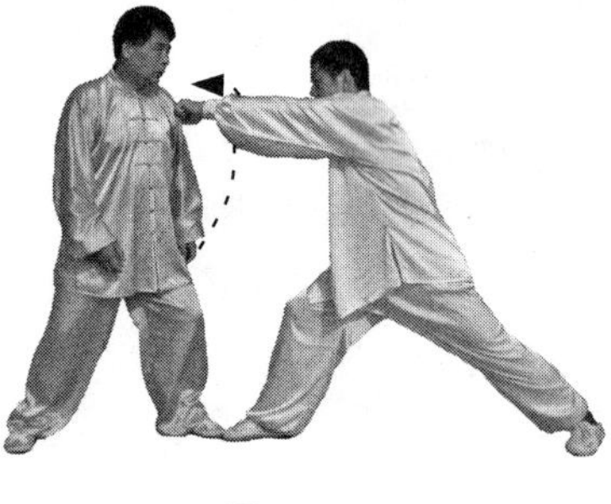

图 5-237

图 5-238

图 5-239

图 5-240

## 四、架挡防右肘击肋左拳击喉

对方右脚前上一步，成为右弓步，同时，用左拳向己方胸部击打；己方左脚左前上步，闪身躲开对方来拳之锋芒（图 5-241）。接着，己方用右臂向右上架挡开对方左来拳（图 5-242）。动作不停，己方上体左转，同时，用右肘向左横向拐击对方左肋部（图 5-243）。接着，己方上体右转，并用左拳向对方喉部击打（图 5-244），使对方肋部、喉部受伤。

**要点：**闪身、架挡对方来拳要及时，右肘横向拐击对方左肋部与左拳击打对方喉部要连贯、快速、准确、有力，力达右肘及左拳。

图 5-241

图 5-242

图 5-243

图 5-244

## 五、捧封防斩肋贯拳击耳

对方右脚右上一步，成为马步，同时，用右侧冲拳向己方胸部击打；己方闪身躲开对方来拳之锋芒（图 5–245）。接着，己方左脚前上一步于对方右腿外侧，绊住对方右腿，同时，用两手向左上捧架封住对方右拳（图 5–246）。动作不停，己方左手左领对方右腕，同时，己方用右掌向右斩击对方右肋部（图 5–247）。接着，己方右掌成右贯拳向对方左耳部贯击（图 5–248），使对方肋部、耳部受伤。

**要点：**捧封要及时，斩肋与贯耳要连贯、快速、准确、有力，力达右掌及右拳。

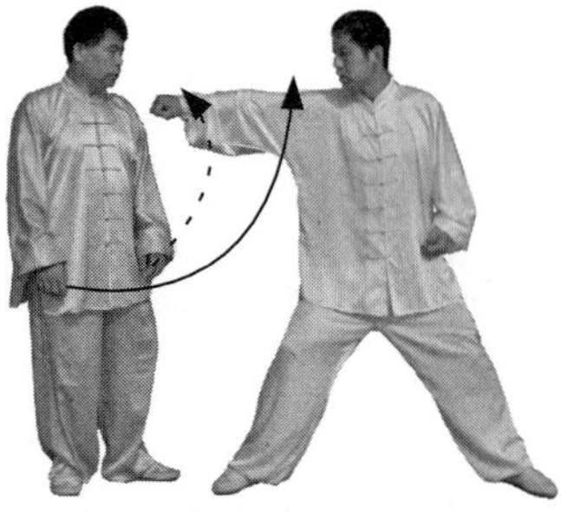

图 5–245

图 5–246

图 5–247

图 5–248

## 六、捧封防左掌斩肋斩颈

对方右脚前上一步，成为右弓步，同时，用左拳向己方胸部击打；己方左脚左前上步，闪身躲开对方来拳之锋芒（图5-249）。动作不停，己方用两手向右上捧封住对方左臂（图5-250）。接着，己方右手抓住对方左腕向右上提领对方左臂，同时，用左掌向对方左肋部斩击（图5-251）。接着，己方左掌向外、向上、向右下斩击对方右颈（图5-252），使对方肋部、颈部受伤。

**要点：**捧封防拳要及时，左掌斩肋与斩颈要连贯、快速、准确、有力，力达左掌小指侧。

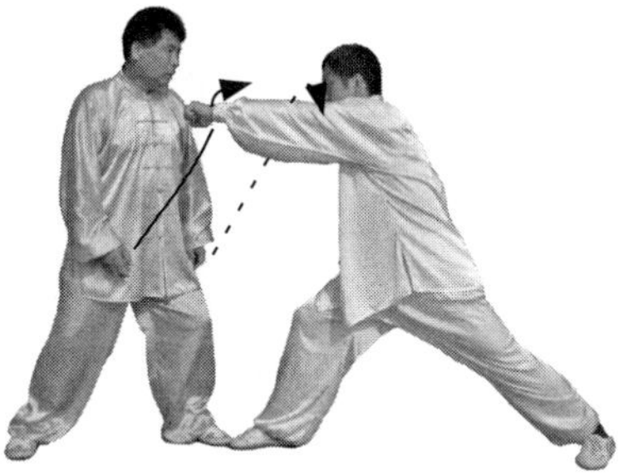

图 5-249

图 5-250

图 5-251

图 5-252

## 七、右领臂右撞膝顶腹右贯拳击颏

对方右脚右侧上步，成为马步，同时，用右侧冲拳向己方胸部击打；己方闪身躲开其来拳（图 5-253）。接着，己方左脚前上一步，同时用右手刁抓住对方右腕，左手固住对方右肘，顺其来拳之劲向右后捋领其臂（图 5-254）。动作不停，己方左腿支撑身体，迅速提右膝向对方腹部顶撞（图 5-255）。接着，己方右脚后落成左弓步，同时，用右横勾拳向对方下颏部贯击(图 5-256)，使对方腹部及下颏受伤。

图 5-253

图 5-254

图 5-255

图 5-256

**要点：**闪身防拳要及时，刁抓腕要牢，左手固其肘，防其变化，向右后捋领对方右臂，要借对方来拳之劲，顺劲捋领。撞膝时，支撑腿要稳，撞膝要猛狠，右勾拳贯击对方下颏要快速、准确、有力，力达拳面。

## 八、右领臂右撞膝顶腹右掌斩颈

对方右脚右侧上步，成为马步，同时，用右侧冲拳向己方胸部击打；己方闪身躲开其来拳（图 5–257）。接着，己方左脚前上一步，同时用右手刁抓住对方右腕，左手固住对方右肘，顺其来拳之劲向右后捋领其臂（图 5–258）。动作不停，己方左腿支撑身体，迅速提右膝向对方腹部顶撞（图 5–259）。接着，己方右脚后落成左弓步，同时，用右掌向对方左颈侧横斩（图5–260），使对方腹部及颈部受伤。

**要点：**闪身防拳要及时，刁抓腕要牢，左手固其肘，防其变化，向右后捋领对方右臂，要借对方来拳之劲，顺劲捋领。撞膝时，支撑腿要稳，撞膝要猛狠，右掌斩颈要快速、准确、有力，力达右掌外缘。

图 5–257

图 5–258

图 5-259

图 5-260

## 九、扛臂索肩右膝撞胸右掌切颈

对方右脚右侧上一步，成为马步，同时，用右侧冲拳向己方面部击打；己方左脚左前上步，偏身躲开对方右拳（图 5-261）。己方用左肩扛住对方右臂，两臂从对方右肩上屈臂索住其肩向右下拉压，使其右肩受制而不能动弹（图 5-262）。接着，己方左腿支撑身体，同时，右手向下按对方后背，并提右膝，向对方胸部顶撞（图 5-263）。接着，己方再用右掌向下切击对方后颈（图 5-264），使对方胸部及后颈受伤。

图 5-261

图 5-262

图 5-263

图 5-264

**要点：**闪身躲拳要及时，上步、扛臂要快速，索肩要牢固，索肩屈臂向下拉压要有力。撞膝时，支撑腿要稳，右膝撞胸与右手按对方后背要一致，撞胸要猛狠。右切掌切击对方后颈要快速、准确、有力，力达右掌外缘。

## 十、左后捋臂右肘顶肋左掌击面

对方左脚前上一步，成为左弓步，同时，用左拳向己方胸部击打；己方左脚前上步，偏身躲开对方左来拳（图 5-265）。接着，己方上体左转，左手抓住对方左腕，右手固住对方左肘，顺其来拳之劲向左后捋领对方左臂（图 5-266）。接着，己方右脚前上一步于对方裆后，同时，用右肘向右顶击对方左肋部（图 5-267）。动作不停，己方上体右转，同时，用左掌向对方面部推击（图 5-268），使对方左肋及面部受伤。

**要点：**闪身要及时，双手捋领其右臂要借对方来拳之劲向左后捋之。上步与右顶肘要同时，做到步到肘至，顶肘击肋要猛狠。左掌推面要快速、准确、有力，力达左掌。

图 5-265

图 5-266

图 5-267

图 5-268

## 十一、领臂压肘右肘顶肋右翻掌扇面

对方左脚前上一步，成为左弓步，同时，用左拳向己方胸部击打；己方左脚前上步，偏身躲开对方左来拳（图 5-269）。接着，己方上体左转，用左手接抓对方左腕，顺来拳之劲向左后领带，同时屈右臂，用右肘向对方左肘上向下压其肘关节（图 5-270）。接着，己方右脚前上一步于对方裆后，同时，用右肘向右顶击对方左肋部（图 5-271）。动作不停，己方再用右翻背掌，以掌背为力点，向对方面部扇击（图 5-272），使对方肋部及面部受伤。

**要点：**闪身要及时，左手抓腕要牢，顺其来拳之劲向左后领带，右肘下压对方左肘要反其关节，下压肘有力。上步与右顶肘要同时，做到步到肘至，顶肘击肋要猛狠。右翻背掌扇击对方面部要快速、准确、有力，力达右掌掌背。

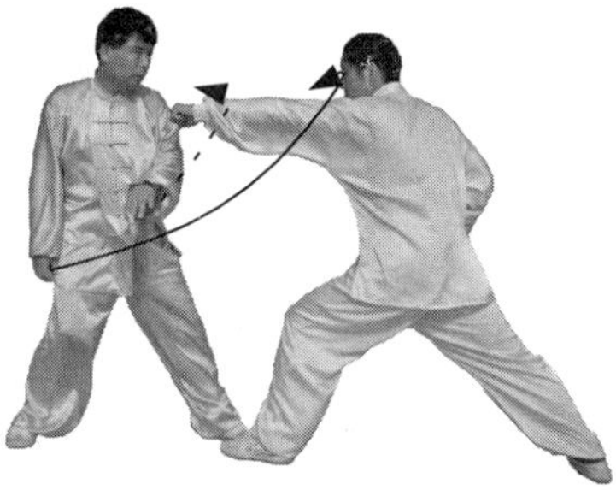

图 5-269

图 5-270

图 5-271

图 5-272

## 十二、右后捋领右腿踢腹右拳击头

对方右脚前上一步，成为右弓步，同时，用右拳向己方胸部击打；己方右手接抓住对方右腕，左手固住对方右肘，顺对方来拳之劲向右后捋领对方右臂（图 5-273）。接着，己方身体重心前移，左腿支撑身体（图 5-274）。动作不停，己方用右腿向对方腹部踢击（图 5–275）。接着，己方右脚落步，同时，用右拳向对方头部击打（图 5–276），使对方腹部、头部受伤。

**要点：**接抓腕要及时，固肘要牢，向右后捋领要借对方来拳之劲，顺劲捋领。踢对方腹部时，支撑腿要稳，踢击对方腹部要猛狠。右拳击打对方头部要快速、准确、有力，力达右拳拳面。

图 5–273

图 5–274

图 5–275

图 5–276

## 十三、双捋领臂右脚蹬腹左掌推面

对方左脚前上一步，成为左弓步，同时，用左拳向己方胸部击打；己方左脚左前上步，偏身躲开对方左来拳（图 5-277）。接着，己方右手抓住对方左腕，左手固于对方左上臂内侧，顺其来拳之劲向右后捋领其左臂（图 5-278）。动作不停，己方左腿支撑身体，同时用右脚向对方腹部蹬击（图 5-279）。己方右脚前下落于对方左腿外后侧，同时用左掌向对方面部推击（图 5-280），使对方腹部及面部受伤。

**要点：**闪身要及时，两手捋臂要顺其来拳之劲向右后回领，蹬腹时，支撑腿要稳，捋臂与蹬腹要同时用力。蹬腹要猛狠。左掌推击对方面部要快速、准确、有力，力达左掌。

图 5-277

图 5-278

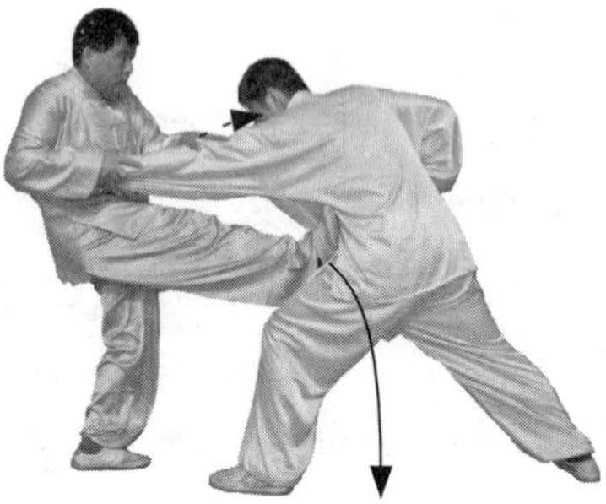

图 5-279

图 5-280

## 十四、双捋领臂右脚蹬腹右掌刺喉

对方左脚前上一步，成为左弓步，同时，用左拳向己方胸部击打；己方左脚左前上步，偏身躲开对方左来拳（图 5-281）。接着，己方右手抓住对方左腕，左手固于对方左上臂内侧，顺其来拳之劲向右后捋领其左臂（图 5-282）。动作不停，己方左腿支撑身体，同时用右脚向对方腹部蹬击（图 5-283）。己方右脚前下落于对方左腿内前侧，同时用右掌向对方喉部刺击（图 5-284），使对方腹部及喉部受伤。

图 5-281

图 5-282

图 5-283

图 5-284

**要点：** 闪身要及时，两手捋臂要顺其来拳之劲向右后回领，蹬腹时，支撑腿要稳，捋臂与蹬腹要同时用力。蹬腹要猛狠。右掌刺击对方喉部要快速、准确、有力，力达右掌掌尖。

## 十五、捋臂右脚蹬腹左臂横打肩摔

对方左脚前上一步，成为左弓步，同时，用左拳向己方胸部击打；己方左脚左前上步，偏身躲开对方左来拳（图 5-285）。接着，己方右手抓住对方左腕，左手固于对方左上臂内侧，顺其来拳之劲向右后捋领其左臂（图 5-286）。动作不停，己方左腿支撑身体，同时用右脚向对方腹部蹬击（图 5–287）。己方右脚前下落于对方左腿外后侧，同时用左臂向右下横击对方右肩，使对方向左后侧倒摔（图 5–288）。

图 5–285

图 5–286

图 5–287

图 5–288

**要点：**闪身要及时，两手捋臂要顺其来拳之劲向右后回领，蹬腹时，支撑腿要稳，捋臂与蹬腹要同时用力。蹬腹要猛狠。左臂横打肩要快速、有力，力达左臂。

## 十六、双挂臂双掌推腹右脚点喉

对方左脚前上一步，成为左弓步，同时，用两拳向己方两耳部贯击（图 5–289）；己方右脚前上一步，支撑身体，左脚屈膝提起，准备前迈步，同时，两臂向上，从对方两臂内侧外分并向后挂防开对方两拳（图 5–290）。动作不停，己方左脚前上步，成为左弓步，同时，用两掌向前推击对方腹部（图 5–291）。接着，己方左腿支撑身体，同时，用右脚脚尖向对方喉部点击（图 5–292），使对方腹部、喉部受伤。

**要点：**双手外分要及时，挂臂要顺其两来拳之劲向后挂，上步双推掌要快速、有力，力达两掌。点腿时，支撑腿要稳，点腿击喉要快速、准确、有力，力达右脚脚尖。

图 5–289

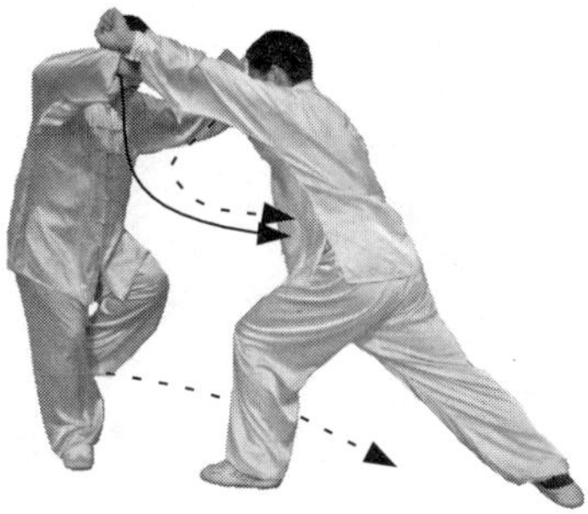

图 5–290

图 5-291

图 5-292

## 十七、压臂别腕领臂左搡拳击头

对方右脚右上一步，成为马步，同时，用右侧冲拳向己方胸部击打；己方左脚左前上步，闪身躲开对方来拳之锋芒（图 5-293）。接着，己方上体左转，用右臂从对方右前臂下，向上捧住对方右臂（图 5-294）。动作不停，己方左臂从对方右臂上压住对方右臂，己方上身右转，同时用右前臂向上、向前别对方右腕，使其右腕受折而不能动弹（图 5-295）。接着，己方右手顺势抓握住对方右腕向右后回领其臂，同时，用左拳向对方头部搡击（图 5-296），使对方右腕及头部受伤。

图 5-293

图 5-294

图 5-295

图 5-296

**要点：**两臂压臂腕要有力，领腕搡捶击头要一致，搡捶击头要快速、准确、有力，力达左拳。

**十八、抱臂反拧折肘左拳击颏**

对方左脚前上一步，成为左弓步，同时，用左拳向己方胸部击打；己方左脚左前上步，同时，用右臂捧架挡住对方来拳（图 5-297）。接着，己方右手向外反手抓住对方左腕，左臂从对方左臂下穿过，屈臂向上抱住对方左臂（图 5-298）。动作不停，右手握其左腕向前下反拧，左臂抱其臂肘向左上扳拉，使对方左臂反折，受制而不能动弹（图 5-299）。接着，己方用左拳向对方下颏部击打（图 5-300），使对方左肘及下颏受伤。

**要点：**捧挡臂防拳要及时，抓腕抱臂要牢固，两手拧腕推折与拉肘扳提要一致，扳拧折肘要有力，力达两手。左拳击打对方下颏要快速、准确、有力，力达左拳。

图 5-297

图 5-298

图 5-299

图 5-300

## 十九、闪防左肩靠胸扳头拧颈

对方右脚右上一步，成为马步，同时，用右侧冲拳向己方胸部击打；己方左脚左前上步，闪身躲开对方来拳之锋芒（图 5-301）。接着，己方左脚继续前上步于对方右腿后，同时，用左肩向对方右胸部靠撞（图 5-302）。动作不停，己方左臂反臂向左后伸抱于对方左后脑部，右手向对方头部右侧伸（图 5-303）。接着，己方右手扳住对方右后脑部，向右前推，左掌向左后扳拉，使对方颈部被拧而受制（图 5-304）。

**要点：** 闪身要及时，进步要快速，左肩靠撞对方右胸部要猛狠，扳头要牢，扳头拧颈要有力，力达两手。

图 5-301

图 5-302

图 5-303

图 5-304

# 第六节 中下盘连击实战用法

中下盘连击是对对方中盘、下盘进行连续击打的方法，也是八极拳最常用的实战用法。

## 一、左拨防右拳击腹左腿跪膝

对方右脚右上一步，成为马步，同时，用右侧冲拳向己方胸部击打；己方左脚左前上步，闪身躲开对方来拳之锋芒（图 5-305）。接着，己方左脚前上步于对方右脚外后侧，挂住对方右脚，同时，用左臂向左上挑拨开对方右拳（图 5–306）。动作不停，己方上体左转，同时，用右拳向对方腹部击打（图 5–307）。接着，己方用左腿向前下跪压对方右膝关节（图 5–308），使对方腹部及右膝关节受伤。

**要点：**闪身、挑拨防拳要及时，右拳击腹要快速、猛狠。左腿跪压膝要反其膝关节，压膝要有力，力达左腿。

图 5–305

图 5–306

图 5–307

图 5–308

### 二、左拨防右掌横击腹右脚踩膝

对方右脚右上一步，成为马步，同时，用右侧冲拳向己方胸部击打；己方左脚左前上步，闪身躲开对方来拳之锋芒（图 5–309）。接着，己方左脚前上步于对方右脚外后侧，挂住对方右脚，同时，用左臂向左上挑拨开对方右拳（图 5-310）。动作不停，己方用右掌向对方腹部横击（图 5-311）。接着，己方左腿支撑身体，同时，用右脚向对方右膝关节外侧踩击（图 5-312），使对方腹部及右膝关节受伤。

**要点：** 闪身、挑拨防拳要及时，右掌横击对方腹部要迅疾、猛狠。踩膝时，支撑腿要稳，右脚踩击对方右膝关节，要准确、有力，力达右脚。

图 5-309

图 5-310

图 5-311

图 5-312

## 三、刁腕领臂横臂击胸左勾脚挑踢

对方右脚前上一步，成为右弓步，同时，用右拳向己方胸

部击打；己方左脚左前上步，闪身躲开对方来拳之锋芒（图5-313）。接着，己方左脚前上一步于对方右脚外侧，同时，用右手刁抓住对方右来拳之腕，向右后回领对方右臂（图5-314）。动作不停，己方用左臂向对方胸部横击（图5-315）。接着，己方右腿支撑身体，同时，用左勾脚向前上挑踢对方右腿（图5-316），使对方胸部受伤及后倒。

**要点：**闪身、刁抓腕要及时，领臂与左臂横击对方胸部要横向用力，力达左臂。左勾脚挑踢对方右腿要快速、有力，力达左腿。

图 5-313

图 5-314

图 5-315

图 5-316

## 四、挑架防右拳击肋右勾脚挑踢

对方左脚前上一步，成为左弓步，同时，用左拳向己方胸部击打；己方左脚左前上步，闪身躲开对方来拳之锋芒（图 5–317）。接着，己方用左臂向上挑架开对方来拳（图 5–318）。动作不停，己方用右拳向对方左肋部击打（图 5–319）。接着，己方左腿支撑身体，同时，用右勾脚挑踢对方左腿，使对方后倒（图 5–320）。

**要点：**闪身、架挡防要及时，右拳击对方肋部要快速、准确、有力。挑踢时支撑腿要稳，右勾脚挑踢对方左腿要迅疾、猛狠。

图 5–317

图 5–318

图 5–319

图 5–320

## 五、挑架防左肘击胸左勾脚挑踢

对方左脚前上一步，成为左弓步，同时，用左拳向己方胸部击打；己方左脚左前上步，闪身躲开对方来拳之锋芒（图5–321）。接着，己方用右臂向上挑架开对方来拳（图5–322）。动作不停，己方左脚前上一步成为马步，同时，右手抓腕向右上领对方左臂，并用左肘向对方胸部顶击（图5–323）。接着，己方右腿支撑身体，同时，用左臂向左后压按对方后背，并用左勾脚挑踢对方左腿，使对方前倒（图5–324）。

**要点：**挑架防拳要及时，领臂与左肘顶胸要一致，左肘顶胸要准确、有力，力达肘尖。左臂左后下压按对方后背与左脚挑踢对方左腿要同时。挑踢时，支撑腿要稳，挑踢对方左腿要迅疾、猛狠。

图 5–321

图 5–322

图 5-323

图 5-324

## 六、右抓腕领臂左后挂腿压肩

对方右脚前上一步，成为右弓步，同时，用右拳向己方胸部击打；己方左脚左前上步，闪身躲开对方来拳之锋芒（图5-325）。接着，己方左手刁抓住对方右腕向右后回领（图5-326）。动作不停，己方左脚前上一步于对方右脚前内侧，同时，用左侧冲拳向对方右肋部击打（图5-327）。接着，己方左脚向左后挂对方右腿，同时，用左掌向前下按压对方右肩，使对方前倒（图5-328）。

图 5-325

图 5-326

图 5-327

图 5-328

**要点：**闪身、刁腕要及时，上步、领臂、左侧冲拳要协调一致，击肋要快速、准确、有力。左腿后挂腿与左掌前下按压对方右肩要同时，后挂腿要迅疾，按肩要有力，力达左掌。

### 七、右抓腕领臂左后挂腿推胸

对方左脚前上一步，成为左弓步，同时，用左拳向己方面部击打；己方左脚左前上步，同时，用右臂向上接抓住对方左拳腕（图 5-329）。接着，己方用左掌推击对方腹部（图 5-330）。动作不停，己方左脚前上步于对方左腿外后侧，向左后挂对方左腿，同时，用左掌向对方胸部推按（图 5-331）。动作不停，己方左掌继续前下按对方胸部，同时，左腿继续向后挂并上挑对方左腿，使对方后摔倒地（图 5-332）。

**要点：**接抓腕要及时，领臂与左掌推腹要一致，推腹要有力，力达左掌。左脚进步要快，左腿后挂对方左腿与左掌推其胸要同时，挂挑腿要迅疾，推胸要有力，力达左腿及左掌。

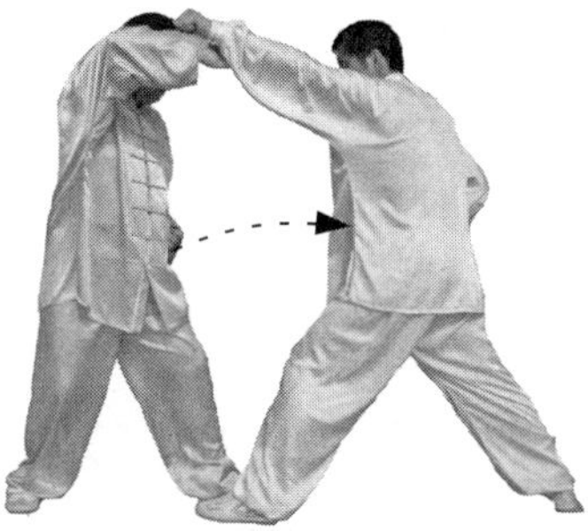
图 5-329

图 5-330

图 5-331

图 5-332

## 八、左抓腕领臂右后挂腿压肩

对方左脚前上一步，成为左弓步，同时，用左拳向己方胸部击打；己方左脚左前上步，闪身躲开对方来拳之锋芒（图 5-333）。接着，己方右手刁抓住对方左腕向左后回领（图 5-334）。动作不停，己方右脚前上一步于对方左脚前内侧，同时，用右侧冲拳向对方左肋部击打（图 5-335）。接着，己方右脚向右后挂对方左腿，同时，用右掌向前下按压对方左肩，使对方前倒（图 5-336）。

**要点：**闪身、刁腕要及时，上步、领臂、右侧冲拳要协调一致，击肋要快速、准确、有力。右腿后挂腿与右掌前下按压对方左肩要同时，后挂腿要迅疾，按肩要有力，力达左掌。

图 5-333

图 5-334

图 5-335

图 5-336

## 九、左抓腕领臂右后挂腿推胸

对方右脚前上一步，成为右弓步，同时，用右拳向己方面部击打；己方右脚左前上步，同时，用左臂向上接抓住对方右拳腕（图 5-337）。接着，己方用右掌推击对方腹部（图 5-338）。动作不停，己方右脚前上步于对方右腿外后侧，向右后挂对方右腿，同时，用右掌向对方胸部推按（图 5-339）。动作不停，己方右掌继续前下按对方胸部，同时，右腿继续向后挂并上挑对方右腿，使对方后摔倒地（图 5-340）。

**要点：**接抓腕要及时，领臂与右掌推腹要一致，推腹要有力，力达右掌。右脚进步要快，右腿后挂对方右腿与右掌推其胸要同时，挂挑腿要迅疾，推胸要有力，力达右腿及右掌。

图 5-337

图 5-338

图 5-339

图 5-340

## 十、捧封防拳右掌击肋左脚踩膝

对方右脚前上一步，成为右弓步，同时，用右拳向己方胸部击打，己方左脚左前上步，吞身躲开对方来拳（图 5-341）。接着，己方用两手向左上捧封住对方右来拳（图 5-342）。动作不停，己方左手向左上领对方右臂，同时，用右掌向对方右肋部斩击（图 5–343）。接着，己方右腿支撑身体，同时，用左脚向对方右膝关节踩击（图 5–344），使对方右肋及右膝受伤。

**要点：**捧封要及时，右掌斩肋要快速、有力，力达右掌外缘，左脚踩膝要反其膝关节，踩击要有力，力达左脚。

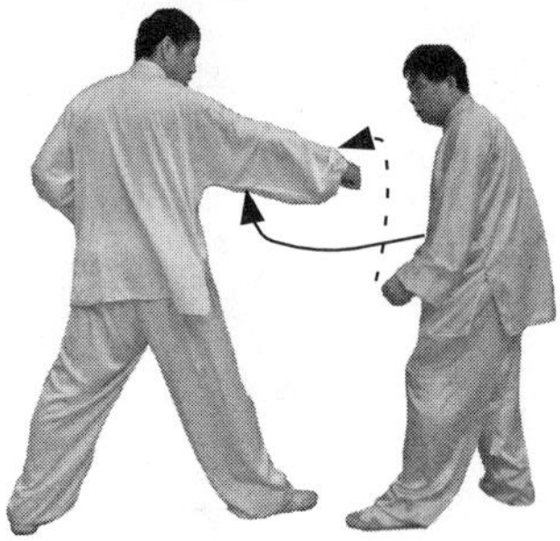

图 5–341

图 5–342

图 5–343

图 5–344

## 十一、捧封防拳右掌击肋右脚踩膝

对方右脚前上一步，成为右弓步，同时，用右拳向己方胸部击打，己方左脚左前上步，吞身躲开对方来拳（图 5–345）。

接着，己方用两手向左上捧封住对方右来拳（图 5–346）。动作不停，己方左手向左上领对方右臂，同时，用右掌向对方右肋部斩击（图 5–347）。接着，己方左腿支撑身体，同时，用右脚向对方右膝关节踩击（图 5–348），使对方右肋及右膝关节受伤。

**要点：**捧封要及时，右掌斩肋要快速、有力，力达右掌外缘，右脚踩膝要反其膝关节，踩击要有力，力达右脚。

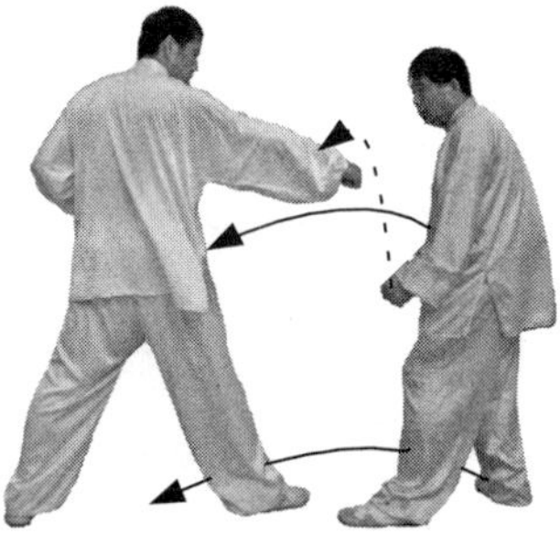

图 5–345

图 5–346

图 5–347

图 5–348

## 十二、扳肘推腕折臂后挂腿推胸

对方右脚前上一步，成为右弓步，同时，用右拳向己方面部击打；己方右脚右侧上步，闪身躲开对方来拳之锋芒，同时，用左手接抓住对方右腕（图 5–349）。接着，己方左腿支撑身体，右腿提起准备前迈，同时，右手从对方肘下托住对方右肘关节，向里上提拉，并用左手向前下旋拧推折其腕，使对方右臂后折，不能动弹（图 5–350）。动作不停，己方右脚前上步于对方右腿后别绊住对方右腿，并用右掌向前下推对方胸部(图 5–351）。接着，己方右腿向后挂挑对方右腿，右掌向前下继续推对方胸部（图 5–352），使对方肘关节受伤并后倒。

图 5–349

图 5–350

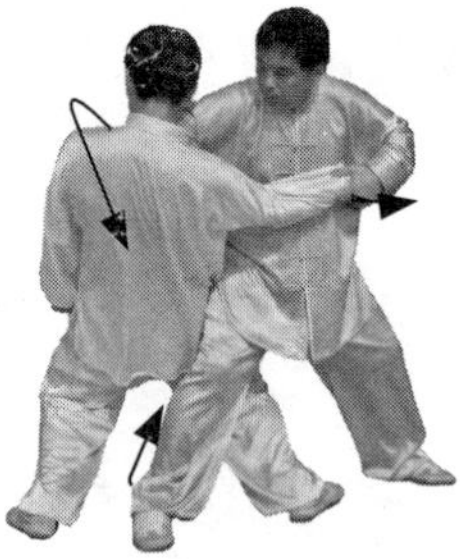

图 5–351

图 5–352

**要点：** 闪身防拳要及时，扳肘推腕要协调一致，两手用力。上步快速，绊腿要牢，后挂挑腿与右掌前下推胸要同时，挂挑腿要迅疾，推胸要有力，力达右手。

## 十三、夹腕别肘左拳击腹右脚前挑踢

己方开步站立；对方由己方身体右侧前上左脚一步，成为左弓步，同时，用左手向己方右肩部抓击（图 5–353）。己方右臂从对方左臂内向上、向外，用右腋夹住对方左腕，右臂继续向下过其左臂下向前上别对方左臂，使对方左腕受制，而不能动弹（图 5–354）。动作不停，己方用左拳向对方腹部击打（图 5–355）。接着，己方左腿支撑身体，同时，用右腿向前上勾挑对方左腿（图 5–356），使对方腕部受伤及后倒。

图 5–353

图 5–354

图 5–355

图 5–356

**要点：**夹腕要紧，别臂要有力，左拳击打对方腹部要快速、准确、有力，力达拳面，右勾腿挑踢对方左腿要迅疾、猛狠。

## 十四、外拨防左肘顶腹后挂腿左肘靠胸

对方左脚前上一步，成为左弓步，同时，用左拳向己方面部击打；己方右脚在前，上身后仰，闪躲开对方来拳（图 5-357）。接着，己方用右臂外拨并后捋对方左臂，并用左肘向前下顶击对方腹部（图 5-358）。动作不停，己方左脚前上步于对方左腿后，向左后挂对方左腿，同时，左肘向右横拐靠击对方胸部（图 5-359），使对方后倒（图 5-360）。

图 5-357

图 5-358

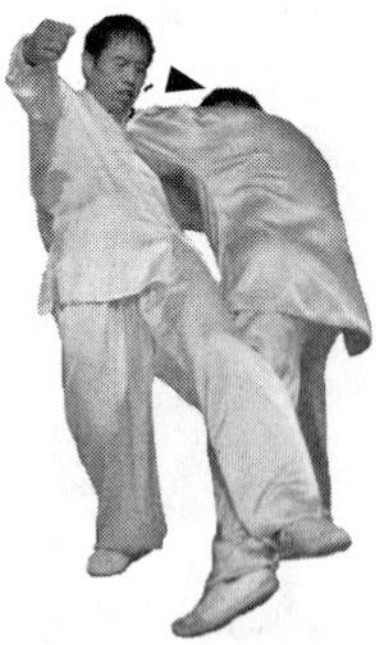

图 5-359

图 5-360

**要点：**后闪身要及时，左顶肘击腹要猛狠，上步要快，左腿向后挂对方左腿与左肘横向拐击其胸要一致。后挂腿要迅疾，拐胸有力，力达左肘。

## 十五、扛臂索肩扣腕右肘砸背顶胯

对方左脚前上一步，成为左弓步，同时，用左拳向己方面部击打；己方右脚在前，上身后仰，闪躲开对方来拳（图 5-361）。接着，己方前进身，用右肩扛住对方左臂，右臂从对方左肩外，向上、向里下索压（图 5-362）。动作不停，己方左手抓住对方左腕（图 5-363），向前、向下、向左盘折，并将对方左臂反拧扣腕于左肩内，使其不能动弹（图 5-364）。动作不停，己方用右肘向下砸撞对方后背（图 5-365）。接着，己方再用右肘向对方左胯部顶击（图 5-366），使对方左臂、后背及左胯受伤。

**要点：**后闪要及时，扛臂要快，索肩有力，反旋盘拧扣腕要紧，右肘顶砸对方后背与顶击对方左胯要连贯、快速、准确、有力，力达右肘。

图 5-361

图 5-362

图 5-363

图 5-364

图 5-365

图 5-366

## 十六、后闪躲防领臂顶肘跪步压膝

对方左脚前上一步，成为左弓步，同时，用左拳向己方面部击打；己方右脚在前，上身后仰，闪躲开对方来拳（图 5-367）。接着，己方右腿右进步于对方左腿外后侧，同时，用左手接抓住对方左腕外旋（图 5-368）。动作不停，己方左手抓拧对方左腕向左回领其臂，并用右肘向右顶击对方左肋部（图 5-369）。接着，己方右腿向下跪对方左膝关节（图 5-370），使对方左肋及左膝关节受伤。

**要点：**后闪身躲拳要及时，左抓腕要牢，上步、拧腕、回领臂与右肘顶击对方左肋要一致，顶肋要猛狠，右腿前下跪对方左膝关节要有力，力达右膝。

图 5-367

图 5-368

图 5-369

图 5-370

## 十七、挑架防左肘拐腹左膝撞裆

对方左脚前上一步，成为左弓步，同时，用左拳向己方胸部击打；己方左脚左前上步，闪身躲开对方来拳之锋芒（图5-371）。接着，己方右脚前上步于对方左腿外后侧，同时，用右臂向右上挑架开对方左来拳（图 5-372）。动作不停，己方上身右转，同时，左肘右拐撞击对方腹部（图 5–373）。接着，己方左手向上抓住对方左腕向左后下领其臂，右腿支撑身体，同时，用左膝向对方腹部顶撞（图 5–374），使对方腹部受伤。

**要点：**闪身要及时，挑架防拳与左拐肘击腹要一致，拐肘击腹要猛狠。左手左领其臂与左膝上撞要同时，撞腹时，支撑腿要稳，撞腹要快速、有力，力达左膝。

图 5–371

图 5–372

图 5–373

图 5–374

**十八、缠臂揽腰前下压按后挂腿**

对方左脚左侧上步，成为马步，同时，用左侧冲拳向己方右肋部击打；己方右前上步，闪身躲开对方来拳之锋芒（图5–375）。接着，己方右脚从对方左脚前绕上步于对方裆前，同时，右臂从对方左臂外向上、向里、向下穿过对方左腋下前伸揽住对方后腰（图5–376）。动作不停，己方右臂向上挑对方左腋（图5–377）。接着，己方右腿向右后挂对方左腿，同时，右臂向前下压对方后背，使对方前倒（图5–378）。

**要点：**闪身躲拳要及时，上步要快速，右臂缠绕穿臂揽腰要紧，右腿后挂对方左腿与前下压其后背要一致，右腿后挂腿要迅猛，右臂向前下压对方后背要有力，力达右臂。

图 5–375

图 5–376

图 5–377

图 5–378

## 十九、抱臂扳肩压肩右腿后挂摔

对方右脚右侧上步，成为马步，同时，用右侧冲拳向己方面部击打；己方左脚左前上步，偏头躲过其来拳（图 5–379）。接着，己方右脚前上一步于对方右腿后，同时，左手抓住对方右腕，右手从对方右臂下向前上伸扳住其右肩于胸前（图 5–380）。动作不停，己方两手抱住对方右臂，向前下扳拧，同时用右肩向前下压对方右肩，并用右腿向右后挂对方右腿（图 5–381），使对方后倒于地（图 5–382）。

**要点：**闪防要及时，上步要快速，两手抱对方右臂要紧，扳旋压肩与后挂腿要协调一致，旋拧压肩有力，力达右肩，右后挂腿要迅疾、猛狠。

图 5–379

图 5–380

图 5–381

图 5–382

## 二十、推腕扳肘领臂击肋右挑踢

对方左脚前上一步，成为左弓步，同时，用右贯拳向己方左耳侧贯击；己方左脚左前上步，同时，用左臂向左上挑架住对方右臂（图 5-383）。接着，己方左手顺势抓住对方右拳腕，右臂从对方右肘下向前上伸过扳住对方右肘窝外上缘，向里扳拉，使对方肘部受伤（图 5-384）。动作不停，己方左手顺势抓住对方右腕向右后回领，同时，用右掌向右后横拍对方右肋部（图 5-385）。接着，己方左腿支撑身体，用右脚向前上挑踢对方左腿，使对方后摔倒地（图 5-386）。

图 5-383

图 5-384

图 5-385

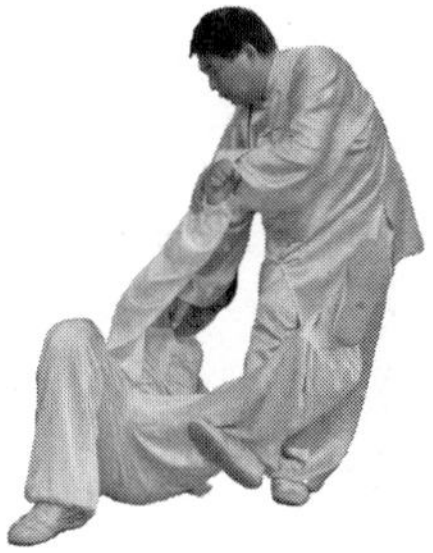

图 5-386

**要点：**架挡防对方贯拳要及时，推腕扳肘要一致，扳推有力，力达两手。领臂与右手向右后拍击对方右肋要同时，拍击对方右肋要猛狠。右腿前上挑踢要迅疾、有力，力达右腿。

## 第七节　下盘两连击实战用法

下盘两连击是对对方下盘进行两次连续击打的方法，也是八极拳最常用的实战用法。

### 一、挑拨防右直拳击裆左腿跪膝

对方右脚前上一步，成为右弓步，同时，用右拳向己方胸部击打；己方吞胸闪躲开对方来拳（图 5-387）。接着，己方左脚前上步，同时，用左掌向左上挑拨开对方来拳（图 5-388）。动作不停，己方左脚前上步于对方右脚外后侧，用左脚勾扣住对方右脚后跟，身体下潜，同时用右直拳向对方裆部击打（图 5-389）。接着，己方左膝向前下跪压对方右小腿，使其失去重心向左侧倒（图 5-390）。

图 5-387

图 5-388

图 5-389

图 5-390

**要点：**闪身、挑拨防拳要及时，右直拳击打对方裆部要快速、准确、有力，力达右拳。左扣脚要牢，左膝向前下跪压其小腿要有力，力达左膝。

## 二、挑架防右直拳击裆扳腿按膝

对方右脚前上一步，成为右弓步，同时，用右拳向己方胸部击打；己方吞胸闪躲开对方来拳（图 5-391）。接着，己方左脚前上步，同时，用左臂向左上挑架开对方来拳（图 5-392）。动作不停，己方左脚前上步于对方右脚外后侧，用左脚勾扣住对方右脚后跟，身体下潜，同时用右直拳向对方裆部击打（图 5-393）。接着，己方用右手扳住对方右脚踝部，同时，用左掌向对方右膝关节外侧部击打，使对方右膝受挫而受伤，向左侧倒（图 5-394）。

**要点：**闪身、挑架防拳要及时，右直拳击打对方裆部要快速、准确、有力，力达右拳。左扣脚要牢，右手扳对方右踝部与左掌推挫对方右膝关节要同时用力，扳推有力，力达两手。

图 5-391

图 5-392

图 5-393

图 5-394

## 三、挑架防右直拳击环跳穴右脚踩膝

对方右脚前上一步，成为右弓步，同时，用左直拳向己方胸部击打；己方左脚左前上步，闪身躲开对方来拳之锋芒（图5-395）。接着，己方用左臂向上挑架防开对方来拳（图5-396）。动作不停，己方用右直拳向对方左环跳穴击打（图5-397）。接着，己方左腿支撑身体，同时，用右脚向对方左腿膝关节部踩击（图5-398），使对方环跳穴及左膝关节受伤。

**要点：** 挑架防拳要及时，右直拳击打对方左环跳穴要快速、准确、有力，力达右拳拳面。踩膝时，支撑腿要稳，右脚踩击对方左膝关节要有力，力达右脚。

图 5-395

图 5-396

图 5-397

图 5-398

## 四、左拨挑防扣脚压腿右脚踩膝

对方右脚右侧上步，成为马步，同时，用右侧冲拳向己方胸部击打；己方左脚左前上步，闪身躲开对方来拳之锋芒（图 5-399）。接着，己方左脚前上一步于对方右脚外后侧扣住对方右脚后跟，同时，用左臂向左上挑防开对方右臂（图 5-400）。动作不停，己方左膝向前下跪压对方右小腿，使其站立不稳（图 5-401）。接着，己方左腿支撑身体，同时，用右脚向前下踩击对方右膝关节（图 5-402），使对方膝关节受伤。

**要点：**拨挑防要及时，扣脚要牢，跪膝要有力，支撑腿要稳，右脚踩膝要猛狠。

图 5-399

图 5-400

图 5-401

图 5-402

## 五、挑架防右脚内扣脚压腿左脚踩膝

对方右脚前上一步，成为右弓步，同时，用左直拳向己方胸部击打；己方左脚左前上步，闪身躲开对方来拳之锋芒（图 5-403）。接着，己方用右臂向右上挑架开对方来拳（图 5-404）。动作不停，己方右脚前上一步，于对方左脚内侧，脚尖外展，勾挂住对方左脚，右小腿向前跪压对方右小腿，使对方站立不稳（图 5-405）。接着，己方用左脚向对方左膝关节踩击（图 5-406），使对方膝关节受伤。

**要点：**挑架防要及时，右脚扣对方左脚要牢，跪压腿要有力，右脚踩膝要快、准、狠。劲力顺畅，力达右脚。

图 5-403

图 5-404

图 5-405

图 5-406

## 六、闪防左脚内扣脚压腿右脚踩膝踹胯

对方右脚右侧上步，成为马步，同时，用右侧冲拳向己方胸部击打；己方左脚左前上步，闪身躲开对方来拳之锋芒（图 5-407）。接着，己方左脚前上步于对方右脚内侧，外展脚扣住对方右脚后跟，小腿向前跪压对方右小腿，使其站立不稳（图 5-408）。动作不停，己方用右脚向对方右膝关节踩击（图 5-409）。接着，己方用右脚向对方右胯部踹击（图 5-410），

使对方右膝关节及右胯关节受伤。

**要点：**闪躲要及时，右脚扣挂对方右腿要牢固，右脚踩击对方右膝及右胯要有力，力达右脚。

图 5-407

图 5-408

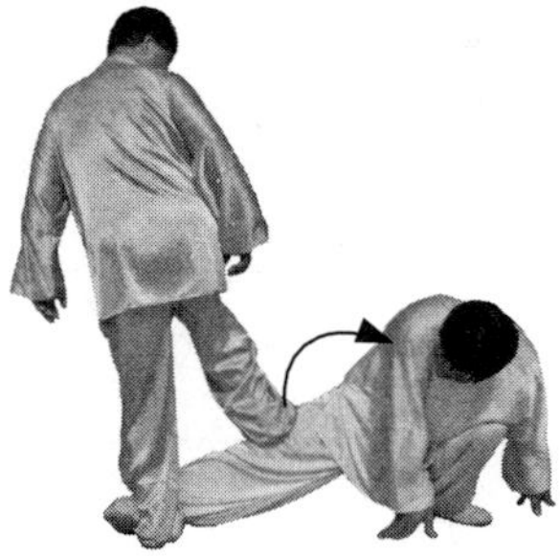

图 5-409

图 5-410

## 七、闪防左脚内扣脚压腿右脚踩膝踢裆

对方右脚右侧上步，成为马步，同时，用右侧冲拳向己方胸部击打；己方左脚左前上步，闪身躲开对方来拳之锋芒（图5-411）。接着，己方左脚前上步于对方右脚内侧，外展脚扣住对方右脚后跟，小腿向前跪压对方右小腿，使其站立不稳

（图 5–412）。动作不停，己方用右脚向对方右膝关节踩击（图 5–413）。接着，己方用右脚向对方裆部弹踢（图 5–414），使对方右膝关节及裆部受伤。

**要点：** 闪躲要及时，右脚扣挂对方右腿要牢固，右脚踩击对方右膝要猛狠，右腿弹踢对方裆部要快速、准确、有力，力达脚尖。

图 5–411

图 5–412

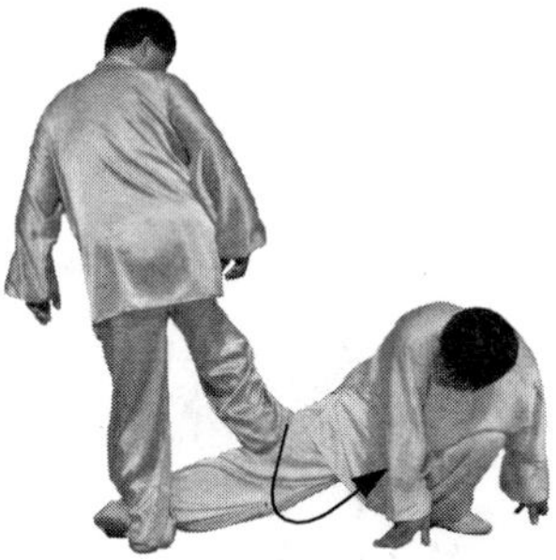

图 5–413

图 5–414

## 八、接抓腕领臂踹膝踩脚

对方右脚右侧上步，成为马步，同时，用右侧冲拳向己方胸部击打；己方左脚左前上步，闪身躲开对方来拳之锋芒（图5-415）。接着，己方用右手接抓住对方右来拳之腕（图5-416）。动作不停，己方右手握其腕，左手固其肘，顺其来拳之劲向右后回领对方右臂，同时，用左脚向对方右膝关节踩击（图5-417）。接着，己方左脚下落，同时，用右脚向对方右脚面踩击（图5-418）。

**要点：**闪身要及时，右手抓接腕要牢固，领臂要顺对方来拳之劲，左脚踩击对方右膝要猛狠，右脚踩击对方右脚要有力，力达右脚。

图 5-415

图 5-416

图 5-417

图 5-418

## 九、接抓腕领臂踩脚踹膝外侧

对方右脚前上一步，成为右弓步，同时，用右冲拳向己方胸部击打；己方左脚左前上步，闪身躲开对方来拳之锋芒（图5-419）。接着，己方用右手接抓住对方右来拳之腕（图5-420）。动作不停，己方右手握其腕，左手固其肘，顺其来拳之劲向右后回领对方右臂，同时，己方用右脚向对方右脚踩击（图5-421）。接着，己方右腿支撑身体，同时，用左脚向对方右膝关节外踹击，使其膝关节受伤（图5-422）。

图 5-419

图 5-420

图 5-421

图 5-422

**要点：**闪身要及时，右手抓接腕要牢固，领臂要顺对方来拳之劲，右脚踩击对方右脚要猛狠，左脚向对方右膝关节踹击要准确、有力，力达左脚。

## 十、接抓腕领臂踩脚踹膝内侧

对方右脚前上一步，成为右弓步，同时，用右冲拳向己方胸部击打；己方左脚左前上步，闪身躲开对方来拳之锋芒(图5-423)。接着，己方用右手接抓住对方右来拳之腕（图5-424)。动作不停，己方右手握其腕，左手固其肘，顺其来拳之劲向右后回领对方右臂，同时，己方用右脚向对方右脚踩击(图 5-425)。接着，己方右腿支撑身体，同时，用左脚向对方左膝关节内侧踹击，使其膝关节受伤（图 5-426)。

图 5-423

图 5-424

图 5-425

图 5-426

**要点：**闪身要及时，右手抓接腕要牢固，领臂要顺对方来拳之劲，右脚踩击对方右脚要猛狠，左脚向对方左膝关节踹击要准确、有力，力达左脚。

## 十一、抓腕领臂挑踢踹膝

对方右脚前上一步，成为右弓步，同时，用右拳向己方面部击打；己方右脚右上一步，同时，用右手接抓对方右腕（图 5-427）。接着，己方右手抓其腕向右回领对方右臂，同时，右腿支撑身体，并用左腿向对方右腿勾踢（图 5-428）。动作不停，己方左腿向前上挑踢（图 5-429）。接着，己方左脚向左踹击对方左膝内侧，使对方向左侧倒（图 5-430）。

**要点：**接抓腕要及时，领臂与勾踢要一致，勾踢时，右支撑腿要稳，勾踢腿要快速，左脚侧踹对方左膝要准确、有力，力达左脚。

图 5-427

图 5-428

图 5-429

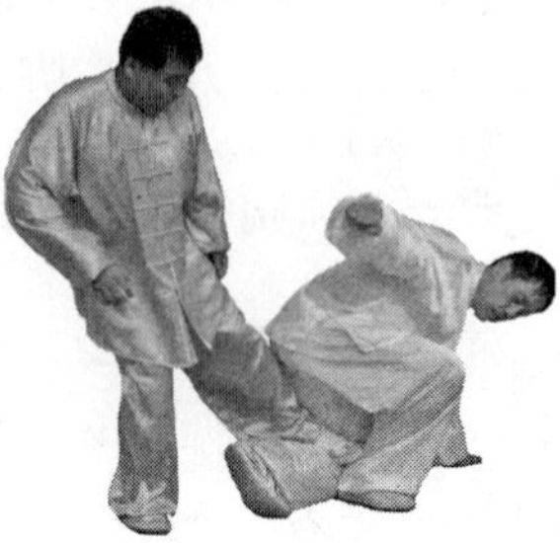

图 5-430

## 十二、捋臂领带挑踢踹膝

对方右脚前上一步，成为右弓步，同时，用右拳向己方面部击打；己方右脚右上一步，同时，用右手接抓对方右腕（图 5-431）。接着，己方左手固住对方右肘，两手顺其来拳之劲向右后捋领带对方右臂，同时，用左脚向前勾脚挑踢对方右腿（图 5-432）。动作不停，己方用左脚向对方左膝关节内侧踹击（图 5-433），使对方向左侧摔出（图 5-434）。

图 5-431

图 5-432

图 5–433

图 5–434

**要点：**接抓腕要及时，捋臂与勾踢要一致，勾踢时，右支撑腿要稳，勾踢腿要快速，左脚侧踹对方左膝要准确、有力，力达左脚。

## 十三、捋领臂前勾脚挑腿右腿踹膝

对方右脚右侧上步，成为马步，同时，用右侧冲拳向己方胸部击打；己方左脚前上半步，同时，用右手接抓住对方右来拳（图 5–435）。接着，己方左手固住对方右肘，两手向右后回领，左腿支撑身体，同时，用右腿向左前上勾对方右腿（图

5-436)。动作不停，己方右脚继续向左前上挑踢对方右腿（图 5-437）。接着，己方用右脚向对方左膝关节踹击（图 5-438），使对方膝关节受伤。

**要点：**接抓腕要及时，捋领臂与勾脚挑踢要协调一致，右踹膝要快速、准确、有力，力达右脚。

图 5-435

图 5-436

图 5-437

图 5-438

## 十四、闪拨防勾挑踢侧踹膝

对方左脚前上一步，成为左弓步，同时，用左拳向己方胸部击打；己方左脚左前上步，闪身躲开对方来拳之锋芒（图

5-439）。接着，己方用右掌向外拨开对方来拳（图 5-440）。动作不停，己方左腿支撑身体，同时，用右勾脚向前上挑踢对方左腿（图 5-441）。接着，己方用右腿向右侧踹击对方右膝关节（图 5-442），使对方膝关节受伤而倒。

**要点：**闪身、拨防要及时，勾脚挑踢对方左腿要快速，踹击对方右膝关节要准确、有力，力达右脚。

图 5-439

图 5-440

图 5-441

图 5-442

## 十五、闪防领臂后挂腿按背

对方左脚前上一步，成为左弓步，同时，用左拳向己方胸部击打；己方左脚左前上步，闪身躲开对方来拳之锋芒（图

5–443）。接着，己方用左手接抓住对方左腕，顺其劲向左回领，同时，右脚前上一步于对方左腿前内侧（图 5–444）。动作不停，己方右脚向右后挂对方左腿，同时，用右掌向前下推按对方后背（图 5–445）。接着，己方右腿右后上挑对方左腿，使对方前倒（图 5–446）。

**要点：**闪防要及时，领腕上步要一致，后挂腿与前推按后背要同时，后挂上挑对方左腿要一气呵成，后挂挑踢要快速，前下推对方后背要有力，力达右掌。

图 5–443

图 5–444

图 5–445

图 5–446

## 十六、抄抱腿右肘砸膝揽腰勾踢

对方右腿支撑身体，同时，用左蹬腿向己方胸部蹬来；己方左脚左前上步，成左弓步，同时，用左臂抄抱住对方左腿（图 5–447）。接着，己方用右肘向下砸击对方左膝关节（图 5–448）。动作不停，己方左腿支撑身体，同时用右腿向对方右腿踝部勾踢，并用右掌臂向右后横击对方右肋部（图 5–449），使对方向后倒摔（图 5–450）。

**要点：**抄抱腿要及时，右肘砸膝要反其膝关节，上抄腿、右腿勾踢、右掌向后横击要协调一致，勾踢腿要快速，横击肋部要有力，力达右掌。

图 5–447

图 5–448

图 5–449

图 5–450

## 十七、抄抱腿扳按背勾踢腿

对方左脚支撑身体，同时，用右脚向己方胸部蹬击；己方右脚前上步，同时，用左手接住对方右脚（图 5–451）。接着，己方左臂就势抄抱住对方右腿（图 5–452）。动作不停，己方右手从对方右肋上前伸（图 5–453）。接着，己方右手向右后下扳按对方后背，同时，用右脚向对方左腿踝部勾踢，使对方向左前倒（图 5–454）。

**要点：**抄抱腿要及时，扳腰与勾踢腿要协调一致，勾踢腿要快速，扳背要有力，力达右手。

图 5–451

图 5–452

图 5–453

图 5–454

## 十八、接腿提拉右侧踹膝右肘顶裆

对方左腿支撑身体，同时，用右蹬脚向己方腹部蹬击；己方右脚前上一步，同时，用两手接抓住对方右踝部并向左后回领(图 5-455)。接着，己方在回拉其右腿的同时上提，同时，己方左脚前上步，用右腿向对方左膝内侧踹击（图 5-456)。动作不停，己方右脚下落成马步，同时，屈右肘（图 5-457)。接着，己方用右肘向对方裆部顶击（图 5-458)，使对方膝关节和裆部受伤。

图 5-455

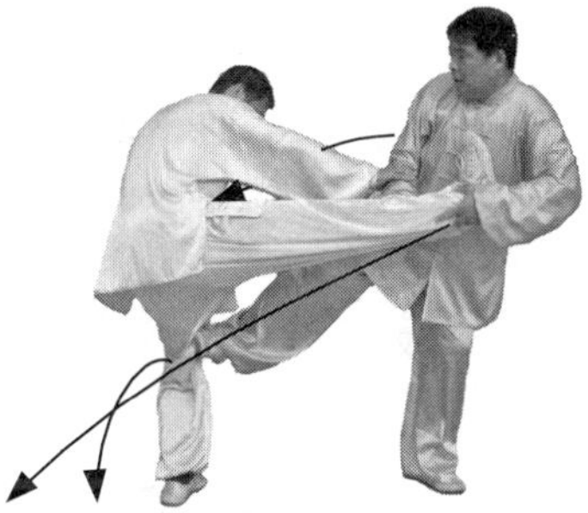

图 5-456

图 5-457

图 5-458

**要点：**接抓腿要及时，提拉腿与右脚踹击对方左膝关节内侧要一致，踹膝猛狠。落步要稳，右肘顶裆要快速、准确、有力，力达右肘尖。

## 十九、接抓腿左肘顶裆右腿踩膝

对方左脚支撑身体，同时，用右腿向己方腹部蹬击；己方用两手接抓住对方右腿踝部（图 5–459）。接着，己方左脚带右脚向左进身，同时，用左肘向对方裆部顶击（图 5–460）。动作不停，己方右手上提对方右腿（图 5–461）。接着，己方左腿支撑身体，同时，用右腿向对方左膝内侧踩击（图 5–462），使对方裆部及左膝关节受伤。

图 5–459

图 5–460

图 5–461

图 5–462

**要点：**接腿要及时，左肘顶击对方裆部要快速、准确、有力。踩膝时，支撑腿要稳，右脚踩击对方左膝要准、狠。

# 第八节　下上盘连击实战用法

下上盘连击是对对方下盘、上盘进行连续击打的方法，也是八极拳最常用的实战用法。

## 一、外搂防右脚踩膝右攒拳击颏

对方右脚前上一步，成为右弓步，同时，用右直拳向己方胸部击打；己方左脚前上一步，同时，闪身躲开对方来拳之锋芒（图 5-463）。接着，己方用左手向外搂开对方右来拳（图 5-464）。动作不停，己方左脚支撑身体，同时，用右脚向对方右膝关节踩击（图 5-465）。接着，己方右脚向后落步，同时，用右拳向前上攒打对方下颏部（图 5-466），使对方膝关节和下颏部受伤。

**要点：**闪身、搂手要及时，踩腿时，支撑腿要稳，用右脚向对方右膝关节踩击要准狠。右拳攒打对方下颏部要快速、准确、有力，力达右拳拳面。

图 5-463

图 5-464

图 5-465

图 5-466

## 二、外搂防右脚踩膝右翻拳砸面

对方右脚前上一步，成为右弓步，同时，用右直拳向己方胸部击打；己方左脚前上一步，同时，闪身躲开对方来拳之锋芒（图 5-467）。接着，己方用左手向外搂开对方右来拳（图 5-468）。动作不停，己方左脚支撑身体，同时，用右脚向对方右膝关节踩击（图 5-469）。接着，己方右脚向后落步，同时，用右翻拳向前下砸击对方面部（图 5-470），使对方膝关节及面部受伤。

图 5-467

图 5-468

图 5-469

图 5-470

**要点：**闪身、搂手要及时，踩膝时，支撑腿要稳，用右脚向对方右膝关节踩击要准狠。右翻砸拳击打对方面部要快速、准确、有力，力达右拳拳背。

## 三、挑拨防扣脚跪膝横掌斩颈

对方右脚右侧上步，成为马步，同时，用右侧冲拳向己方面部击打；己方左脚左前上步，闪身躲开对方来拳之锋芒（图5-471）。接着，己方用左臂向左上挑拨开对方右来拳（图5-472）。动作不停，己方用左脚从对方右脚外后侧扣住对方左脚，向前下跪压对方右小腿，使其站立不稳（图5-473）。接着，己方用右掌向左横向斩击对方左颈侧（图5-474），使对方右膝关节及颈部受伤。

**要点：**闪身、挑拨防要及时，扣脚要牢，跪膝要有力，右掌横向斩击对方颈部要有力，力达右掌。

图 5-471

图 5-472

图 5-473

图 5-474

## 四、领臂脚挑踢侧推掌击颏

对方右脚前上一步，成为右弓步，同时，用右拳向己方胸部击打；己方用右手接抓住对方右腕向右后回领（图 5-475）。接着，己方左手固在对方右肘部，两手顺其来拳之劲向右后回领对方右臂，右腿支撑身体，同时，左脚向对方右腿踝部勾踢（图 5-476）。动作不停，己方左脚继续向前上挑踢对方右腿（图 5-477）。接着，己方左脚下落，同时，用左侧推掌向对方下颏部推击（图 5-478），使对方站立不稳、下颏部受伤。

**要点：** 接抓腕要及时，领臂与勾脚挑踢要同时，挑踢要快速、有力，力达左腿。左掌推击对方下颏要准确、猛狠。

图 5-475

图 5-476

图 5-477

图 5-478

## 五、前跪撞膝右直拳击腮

对方右脚前上步，欲向己方进攻，己方左脚前上步（图5-479）。己方左脚带动右脚向前进步（图5-480），并用右膝跪撞击对方右膝关节（图5-481）。接着，己方用右直拳向对方右腮部击打（图5-482），使对方膝关节及面部受伤。

**要点：**进步要快速，前跪撞膝要猛狠，右直拳击打对方右腮部要快速、准确、有力，力达右拳。

图 5-479

图 5-480

图 5-481

图 5-482

## 六、挑架防撞膝顶胸右臂横击颈

对方右脚右侧上步，成为马步，同时，用右侧冲拳向己方胸部击打；己方闪身躲开对方来拳之锋芒（图 5-483）。接着，己方用左臂向左上挑架开对方右臂（图 5-484）。动作不停，己方左脚带动右脚向前进步，同时右膝跪撞击对方右膝关节，并用左肘顶击对方胸部（图 5-485）。接着，己方左臂向左下压对方右臂，同时，用右臂向对方左颈侧横击（图 5-486），使对方右膝关节及胸部、颈部受伤。

**要点：**挑架防要及时，进步要快速，撞膝、顶胸要狠，右臂横击对方左颈侧要快速、准确、有力，力达右臂。

图 5-483

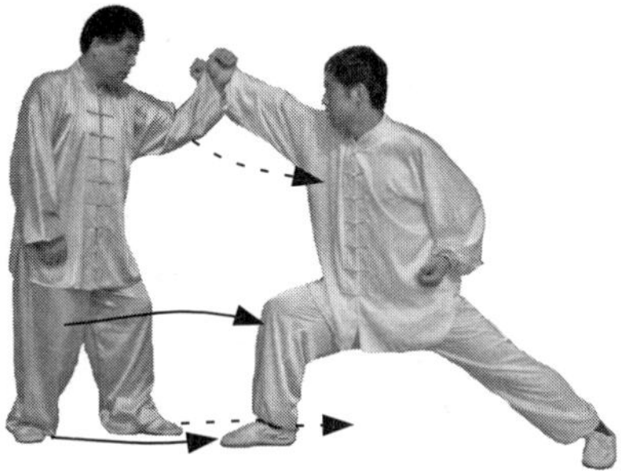

图 5-484

图 5-485

图 5-486

# 第九节　下中盘连击实战用法

下中盘连击是对对方下盘、中盘进行连续击打的方法，也是八极拳最常用的实战用法。

## 一、上架防踩膝推面右臂靠

对方左脚前上一步，成为左弓步，同时，用左拳向己方面部击打；己方左脚左前上步，闪身躲开对方来拳之锋芒（图 5-487）。接着，己方右臂上架防开对方左来拳（图 5-488）。

动作不停，己方用右脚向对方左膝关节踩击，同时，用左掌向对方面部推击（图 5–489）。接着，己方右脚右下落于对方裆后，绊住其左腿，同时用右拳从对方胸前右穿过，并向右后靠击对方胸部（图 5–490），使对方膝关节受伤并后倒。

**要点：**上架防拳要及时，踩击推面要同时，踩膝要反其关节，推面有力。落步要稳，右臂向右后靠撞对方胸部要快速、准确、有力，力达右臂。

图 5–487

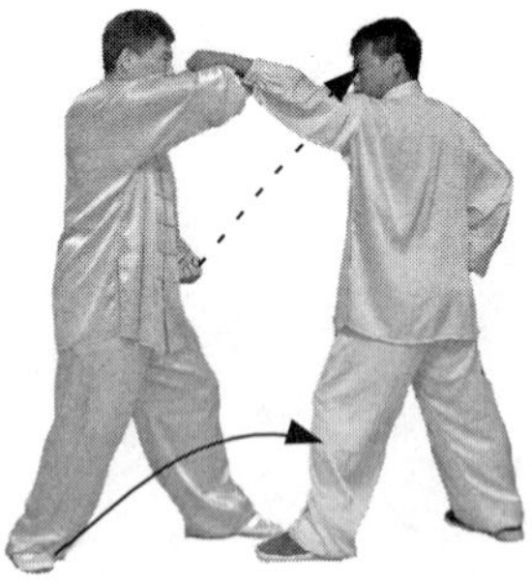

图 5–488

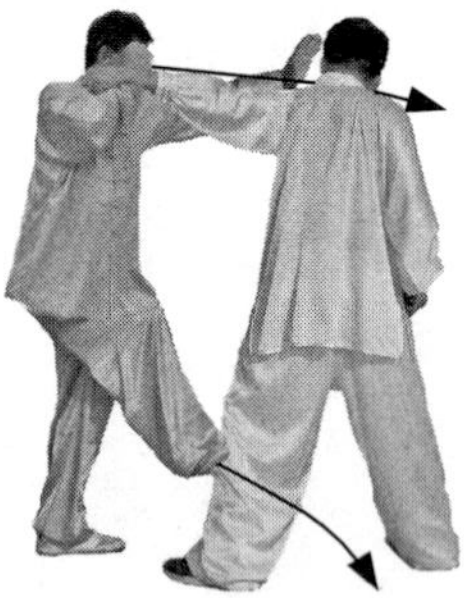

图 5–489

图 5–490

## 二、挑拨防踩膝扇面左肘顶腹

对方左脚前上一步，成为左弓步，同时，用左拳向己方胸部击打；己方左脚左前上步，闪身躲开对方来拳（图 5-491）。接着，己方左臂向左上挑拨开对方来拳（图 5-492）。动作不停，己方左手抓握对方左腕，向左后回领对方左臂，同时，己方左腿支撑身体，用右脚向对方左膝部踩击，并用右扇掌向对方面部扇击（图 5-493）。对方左脚后撤步，躲避己方踩膝；己方右脚下踏震地，左脚前上一步，成为马步，同时，用左肘向对方左肋部顶击（图 5-494），使对方膝关节、面部和肋部受伤。

图 5-491

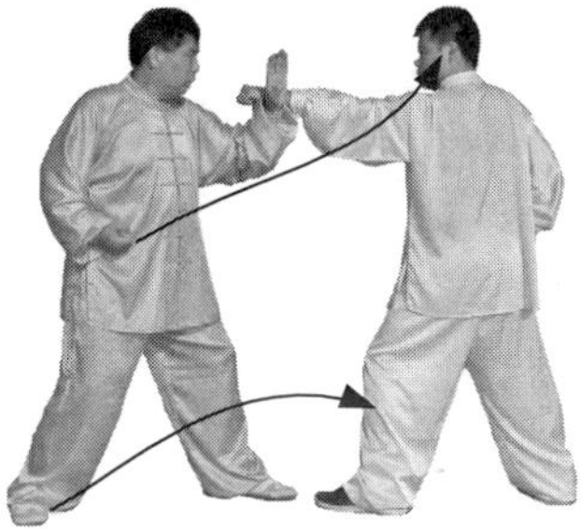

图 5-492

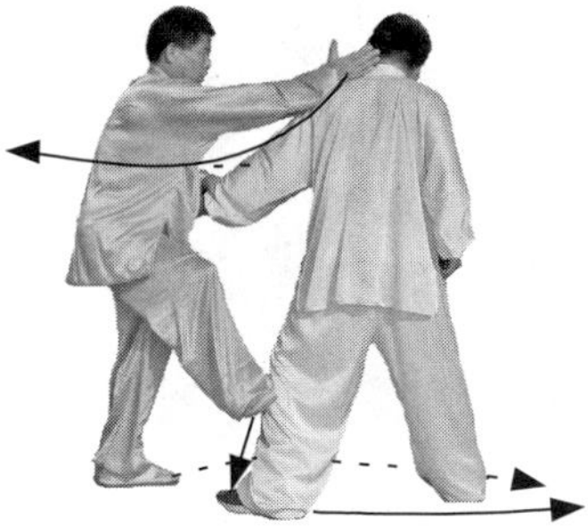

图 5-493

图 5-494

**要点：**挑拨防拳要及时，踩膝、扇面要同时，踩膝要反其关节，扇面要快速，左肘顶肋要快、准、狠。

## 三、抓腕领臂右脚踩膝右攒拳击胸

对方右脚右侧上步，成为马步，同时，用右冲拳向己方胸部击打；己方左脚左前上步，闪身躲开对方来拳之锋芒（图 5-495）。接着，己方用左手接抓住对方右腕向右下回领其臂（图 5-496）。动作不停，己方左腿支撑身体，同时，用右脚向前下踩击对方右膝部（图 5-497）。接着，己方用右攒拳向前上勾击对方胸部（图 5-498），使对方右膝及胸部受伤。

图 5-495

图 5-496

图 5-497

图 5-498

**要点：**闪身要及时，接抓腕要牢固，右脚踩膝要准确、猛狠。右攒拳击胸要快速、准确、有力，力达右拳。

### 四、挑架防跪腿撞膝顶胸右拳击肋

对方右脚前上一步，成为右弓步，同时，用右拳向己方胸部击打；己方左脚左前上步，闪身躲开对方来拳之锋芒（图5-499）。接着，己方左臂向左上挑架开对方来拳（图5-500）。己方左脚带动右脚向前闯步，同时，用右跪腿向对方右膝部撞击，并用左肘向对方胸部顶击（图5-501）。接着，己方用右直拳向对方右肋部击打（图5-502），使对方右膝关节、胸部及右肋受伤。

图 5-499

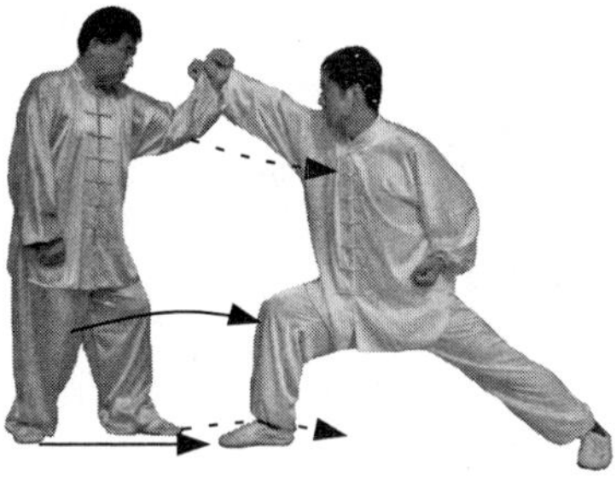

图 5-500

图 5-501

图 5-502

**要点：**挑架防拳要及时，前闯步要快速，撞膝要猛狠，左肘顶击对方胸部要有力。右直拳击打对方右肋部要快、准、狠。

## 五、架挡防跪腿撞膝双臂挤肋

对方右脚前上一步，成为右弓步，同时，用右拳向己方胸部击打；己方左脚左前上步，闪身躲开对方来拳之锋芒（图 5-503）。接着，己方用右臂向右上挡架开对方来拳（图 5-504）。动作不停，己方左脚带右脚向前闯步并用右跪膝向前撞击对方右膝关节（图 5-505）。接着，己方两臂相叠，用两臂向前上挤推对方右肋（图 5-506），使对方膝部受伤并左侧倒。

**要点：**闪防、架挡来拳要及时，闯步要快，撞膝要猛狠，双臂挤对方右肋要有力，力达两臂。

图 5-503

图 5-504

图 5-505

图 5-506

## 六、领臂勾腿挑踢撑臂靠胸

对方右脚前上一步，成为右弓步，同时，用右拳向己方胸部击打，己方左脚左前上步，并用右手接抓住对方右腕（图 5-507）。接着，己方左手固住对方左肘，两手向右后捋领对方右臂，同时，右腿支撑身体，并用左腿向对方右腿勾踢（图 5-508）。动作不停，己方左腿继续向右前上挑踢对方右腿（图 5-509）。接着，己方左脚左下落，成为马步，同时，两掌向两侧撑掌，并用左臂向左后靠击对方胸部（图 5-510），使对方后倒。

**要点：**接抓腕要及时，两手领臂与勾脚挑踢对方右腿要一致，落步要稳，撑掌靠胸要有力，力达左臂。

图 5-507

图 5-508

图 5-509

图 5-510